교회와 함께 가정예배

교회와 함께 가정예배

부모 세대가 **함께**하는 **가정예배** **문화** 만들기

김기억 지음

꿈이있는미래

추천사

가정과 교회의 관계는 서로 깊이 연결되어 있어야 합니다. 그럼에도 그동안 한국교회 안에서 가정과 교회는 긴장 관계에 놓여 있었습니다. 가정과 교회의 균형 잡힌 신앙생활을 이끌어 주는 경우가 드물었습니다. 어느 하나를 희생시키고 다른 하나를 세우는 싸움을 하다 보니 생각보다 상처와 피해가 컸습니다. 저자는 가정 전문가로서뿐만 아니라 교회와 가정을 연결시키고자 깊은 애정을 가지고 책을 썼습니다. 현장에서 고군분투하면서 얻은 소중한 경험들을 한국교회와 나누기 원하는 마음이 가득 담겨 있습니다. 가정예배를 어떻게 교회와 함께 세워 갈 것인가에 대한 이론과 실제적인 제안들이 친절하게 제시되어 있습니다. 이 책은 교회와 함께하는 가정예배를 통해 다음세대의 신앙 전수는 물론, 건강한 가정과 교회를 세우는 일에도 매우 유익한 가이드라인이 될 것입니다.

이규현 목사(수영로교회 담임)

다음세대 신앙 전수에 빨간 불이 들어왔습니다. 한국만의 문제가 아니라 전세계의 문제입니다. 생각해 보면 경고등은 항상 켜져 있었습니다. 다음세대 신앙 전수가 자연스럽고 순탄하게 이루어진 적이 있었던가요. 다음세대는 늘 '다른 세대'가 될 위험 속에 있었습니다. 이에 대한 대안은 무엇일까요? 하나님의 원안을 대안으로 삼아야 합니다. 해답은 언제나 우리 가까이에 있습니다. '평범한 가정'이 하나님의 대안입니다. 평범한 가정에서 드려지는 가정예배가 우리의 다음세대를 하나님의 세대로 세울 것입니다. 김기억 목사님의 책은 하나님의 원안인 '가정예배'를 현대적 언어로 친절하게 설명합니다. 책을 읽는 중간에 책을 덮고 빨리 가정예배를 드리고 싶은 마음이 들 정도입니다. 특히나 부모라면 반드시 읽어야 할 책입니다.

주경훈 목사(꿈이있는미래 소장)

낮은 출산율과 다음세대 신앙 교육의 위기감이 고조된 이때 김기억 목사님의 『교회와 함께 가정예배』가 출간되어 무척 감사하고 고맙습니다. 김기억 목사님은 총신대학교 신학대학원 시절에 303비전장학회 9기 장학생으로 선발되어, 30년씩 3세대에 이르는 자녀 교육의 백년대계를 준비해 오셨습니다. 특별히 303비전성경암송학교의 설립자이신 고(故) 여운학 장로님의 지도 아래 '말씀 암송 자녀 교육'을 가정예배로 승화하여 미국에서 가족목회학으로 박사 학위를 받고 한국교회의 가정예배에 대한 사명감으로 이 책을 저술하였습니다. 이 책은 예배, 가정예배, 교회와 함께하는 가정예배, 무엇보다도 말씀 암송 가정예배의 이론과 실제를 겸비한 중요한 텍스트가 될 것입니다. 가정예배의 기원에서부터 미래, 그리고 실제에 이르기까지 구체적으로 소개된 이 책을 통해 한국교회의 미래가 희망으로 가득 차길 바라며 적극 추천합니다.

한창수 목사(303비전성경암송학교 교장, 엠마오교회 담임)

가정예배의 중요성은 아무리 강조해도 지나치지 않습니다. 그런데 중요성에 비해 가정예배를 왜 드려야 하며 어떻게 드려야 하는가에 대해 잘 알지 못하여 막막할 때가 많습니다. 이 책은 그런 막막함을 해소해 줍니다. 저자인 김기억 목사는 남침례신학교에서 가족목회 박사 과정을 마치고 수영로교회의 가정사역 총괄로 수년간 사역하며 가정예배로 가정을 살리는 실제적인 사역을 해 오고 있습니다. 가정 회복의 핵심이 '예배'라는 저자의 확신 때문입니다. 그래서 저자는 가정예배 이론과 함께 목회 현장의 고민을 이 책에 담았습니다. 해답은 교회와 함께 가정예배 문화를 만드는 것입니다. 가정예배를 통해 자녀 세대에게 신앙을 계승하고 가정 회복을 이루기 원하는 분들에게 이 책을 적극 추천합니다.

장재찬 목사(장충교회 담임)

해 아래 새것이 없다

다음세대를 살려야 한다. 지금 아무리 잘 살아도 다음세대가 없으면 무용지물이다. 한국사회, 한국교회가 직면한 가장 큰 위기는 사라지는 다음세대다. 인구 감소의 빨간불은 켜진지 오래다. 혼인율, 출산율의 급감은 오래된 현실이다. 벌써 주일학교가 없는 교회가 급증하고 있다. 당연히 교회의 고령화 문제도 심각하다. 다음세대 살리기는 가장 시급하고도 중요한 문제다.[1]

문제는 방법론이다. '어떻게 할 것인가?', '다음세대를 살릴

---

1 기독신문, 2022.08.09., http://www.kidok.com/news/articleView.html?
   idxno=216405

대안은 무엇인가?' 많은 목회자와 부모가 이 질문을 가지고 다음세대를 살리려 안간힘을 쓰고 있다. 그러나 긍정적인 소식은 희귀하다. 코로나 팬데믹을 지나면서 다음세대 사역은 더욱 어려워졌다. 이런 상황에서 다음세대의 회복, 새로운 부흥은 과연 가능한가?

답은 명확하다. 다음세대는 살아날 것이다. 하나님은 절대 실패하지 않으신다. 그분은 절대 자기 백성을 잃어버리지 않으신다. 아무리 막막한 현실에서도 피할 길을 내신다(고전 10:13). 성경을 보라. 하나님은 우상으로 가득했던 엘리야 시대에도 바알에게 무릎 꿇지 않은 7천 명을 남기셨다(롬 11:1-5; 왕상 19:18). 지금도 동일하다(히 13:8). 하나님은 그분의 백성을 버리지 않으신다. 지금도 여전히 믿음의 백성을 택하여 세우신다.

믿음의 사람들은 하나님의 주권을 믿기 때문에 절망하지 않는다. 상황이 어려울수록 오히려 눈을 들어 하나님의 역사를 기대하며 기도한다. 시대가 아무리 악해져도 그분의 거룩한 백성은 사라지지 않는다. 단지 믿음과 인내가 필요할 뿐이다. 하나님의 때와 방법이 아직 도래하지 않아 이해하지 못할 수 있다. 그럼에도 선하신 하나님의 계획은 반드시 이루어짐을 기억해야 한다(롬 8:29-30; 엡 1:14). 여기에 소망이 있다.

다음세대 신앙 위기의 돌파구도 역시 '하나님의 주권'에 달려 있다. 인간의 노력이나 목회 방법론으로 해결할 수 없다. 우리는 인간적인 노력으로 신앙을 주입하려는 시도를 멈춰야 한다. 목회자도, 부모도 자녀들에게 신앙을 주입할 수 없다. 그들도 한낱 피조물이자 죄인일 뿐이다. 피조된 죄인이 죄인을 구원할 수 없다. 믿음은 오직 삼위일체 하나님의 은혜로 주어진다(엡 2:8). 그러므로 자녀의 신앙을 위해 부모가 할 수 있는 최선의 행위는 '하나님께서 역사하실 기회를 제공하는 것'이다.

믿음은 세뇌와 다르다. 효과적인 교육 기법으로 성경 지식을 전달한다고 믿음이 생기지 않는다. 특정한 훈련으로 의지력을 키운다고 생기는 것도 아니다. 종교적 활동으로 생활 양식을 변화시켜 만들어지는 것도 아니다. 믿음은 내면에서 우러나오는 하나님에 대한 확신이다. 그 확신으로 믿음의 삶을 결단하며 기꺼이 주를 위해 자신을 내어 드리는 것이다. 믿음은 수동적일 수 없다. 성령께서 자발적인 내적 동기를 일으키시기 때문이다.

그래서 믿음은 '하나님을 만나는 일상의 경험'을 통해 주어진다. 신앙은 교육이 아니라 '전수'(傳受, Hand down)하는 것이다. 그러려면 '가정에서 자녀와 삶을 공유하며 하나님께서 일하시는 시간'을 만들어야 한다. 눈에 띄는 프로그램을 통해 잠깐 시선을 끄는 것으로는 불가능하다. 자녀의 문제 행동에 대한 단편적인 땜질 처방으로는 신앙을 전해 줄 수 없다. 일상에서 자녀와 함께 하나님을 만나야 한다. 방법이 무엇일까? 바로 가정예배다.

해 아래 새것이 없다(전 1:9). 가정을 살리기 위해 집중해야 하는 것은 '예배'다. 부모가 먼저 예배자가 되어야 한다. 교회에서만 예배자가 아니다. 가정에서도 예배자가 되어야 한다. 하나님을 가정의 주인, 인생의 주권자로 섬기며 살아가야 한다. 배우자에게, 자녀에게 강요할 필요는 없다. 본인이 먼저 예배자로 서면 그 선한 영향력이 가족에게 전달된다. 성령께서 그 가정에 임재하시면 새로운 역사는 당연히 일어난다.

자녀에게 신앙을 전해 주기 원하는가? 그렇다면 가정예배를 가족의 문화로 만들어야 한다. 신앙은 '지속적인 영적 경험'으로 전해진다. 예배를 통해 지속적으로 하나님을 만나야 한다. 여기에는 예배의 자리를 지켜 내는 믿음과 인내가 요구된다. 쉽지 않은 길이지만 하나님께서 함께하시면 가능하다.

그렇다면 하나님은 어떻게 이 길을 걸어가게 하시는가? '예수 그리스도의 몸 된 교회'를 통해서 걸어가게 하신다. 실제로 가정예배를 시도해 보면 각 가정이 홀로 감당하기 어렵다는 것을 느낄 수 있다. 금세 가정예배를 드리지 못할 이유가 생긴다. 하루 이틀 미루다 보면 어느 날 가정예배를 안 드리게 된다. 지난 수십 년 동안 우리는 이것을 체험해 왔다. 더군다나 오늘날 한국사회에는 가정예배를 방해하는 요소가 더 많아졌다. 원인은 다양하다. 누군가를 탓할 수 없다. 부모가 홀로 감당하기에는 예배하는 가정을 방해하는 세상의 파도가 거세다.

그래서 가정예배는 '교회 공동체와 함께' 세워야 한다. 예배하는 가정들이 모여서 가정예배 운동(Movement)을 일으켜야 한다. 가정예배는 각 가정의 일이 아닌, 부모 세대의 공동체적 사명이다. 이제는 시각을 바꿔야 한다. 교회 공동체 안에서 서로를 격려하며 함께 자녀를 키워야 한다. 가정예배를 각 가정의 과업으로 여기면 안 된다. 부모가 자녀를 제자로 키우는 것도 아니다. 공동체적 시각을 가져야 한다. 자녀의 제자화는 혼자 감당하기 버거운 사명이다. 부모 세대가 함께 자녀 세대를 제자로 키워야 한다. 가정예배를 부모 세대가 함께 만들어 가는 '교회의 신앙 유산'으로 세워야 한다.

뉴노멀 시대, 사람들은 이전보다 더욱 '가족 중심적 성향'(Familism)을 가질 것이다. 코로나 팬데믹을 겪으며 '어떤 상황에서도 가족은 언제나 오프라인'이라는 것을 깨달았기 때문이다. 가족에 가치를 둔 결정이 계속 강화될 것이다. 이미 주일 예배는 온라인으로 대체하고 가족 여행을 선택하는 현상이 발생하고 있다. 기존에 모범으로 여기던 신앙생활 양식은 힘을 잃고 있다. 완전히 새로운 시대가 열렸다.

그러나 여기에 하나님의 섭리가 있다. 산업화와 개인주의로 흩어진 가족들의 마음을 하나 되게 만드시는 것이다. 가정은 '하나님께서 디자인하신 신앙 전수의 기관'이기 때문이다. 부모와 자녀가 함께 살아가는 새로운 세대가 일어나고 있다. 그들이 모여 새로운 교회 문화를 만들고 있다. '가정'이 키워드다. 가정을 어떻게 세울 것인지 고민해야 한다. 그 시작점에 가정예배가 있다.

이를 위해 가장 먼저 성경이 말하는 가정예배의 근원(Origin)을 알아야 한다. 근원에서 모든 것이 시작된다. 이후에는 가정예배의 설계도(Blueprint)를 새롭게 그리고, 가정예배 문화를 만들어야(Build up) 한다. 형식적이고 관습적인 가정예배가 아닌, 성경에 근거한 복음적인 가정예배를 세워야 한다. 예배하는 부모 세대가 예배하는 자녀 세대를 키울 수 있다. 반드시 기억해야 한다. 신앙 전수는 예배를 통해 이루어진다.

차례

CHAPTER
03

가정예배 Build up

01

가정예배 Origin

"근원으로 돌아가자"(Ad Fontes)는 종교개혁의 구호에 머물지 않는다. 우리는 이 말을 날마다 되새겨야 한다. 과학 문명이 아무리 발달해도 삶의 뿌리는 언제나 근원이신 하나님께 있기 때문이다. 사슴이 시냇물을 찾기에 갈급함같이, 우리는 생명의 근원이신 하나님을 찾아야 한다(시 42:1-2). 우리는 항상 근원으로 돌아가야 한다.

가정예배도 근원에서 시작해야 한다. 그런데 문제는 성경이 가정예배를 구체적으로 말하지 않는다는 것이다. 신명기 6장 4-9절이나 에베소서 6장 4절 등에서 자녀 양육에 관한 이야기는 하지만, 그것이 가정예배와 연결되지는 않는다. 모세가 요게벳에게 영유아기 양육을 받았다는 부분(출 2:9-10)이나 디모데가 어려서부터 성경을 알았다는 구절(딤후 3:14-15)도 가정예배에 대한 가르침은 아니다. 가정예배는 특정 형식이나 방법에 국한되지 않기 때문이다. 우리는 보다 본질적인 가정예배의 근원을 찾아야 한다.

그렇다면 가정예배의 근원(Origin)은 어디서 찾아야 할까? 아담과 하와를 창조하시고 그들과 대화하신 하나님은 가정예배의 시작점이시다. 그러나 이 모습을 오늘날 가정예배에 적용하기는 어렵다. 지금 우리는 '교회 시대'에 살고 있기 때문이다. 교회와 가정이 분리되지 않았던 구약 시대가 아닌, 교회와 가정이 분리된 신약 시대의 모델이 필요하다. 그래서 가정예배의 근원을 살펴보기 위해서는 교회의 탄생을 다루는 사도행전 2장 41-47절을 봐야 한다.

교회와 함께 가정예배

부모 세대가 함께하는 가정예배 문화 만들기

1

기적으로 시작된 예배 공동체, 초대교회

초대교회는 예배 공동체였다. 베드로의 오순절 설교로 회심한 3천 명은 기적을 경험했다. 강력한 회심을 경험한 초대교회 성도들은 하나님의 은혜에 대한 감격으로 형식적인 예배를 드릴 수 없었다. 자연스럽게 자발적이고 적극적인 예배자가 되었다.

그 말을 받은 사람들은 세례를 받으매 이 날에 신도의 수가 삼천이나 더하더라 그들이 사도의 가르침을 받아 서로 교제하고 떡을 떼며 오로지 기도하기를 힘쓰니라 _행 2:41-42

3천 명의 회심은 베드로의 뛰어난 언변 때문이 아니었다. 제자들이 사람들을 선동한 것도 아니었다. 오직 성령의 초자연적 능력이었다. 성령께서 사람들의 마음을 감화(感化)하셨다. 놀라운 기적이었다.

그런데 3천 명의 회심은 기적의 시작일 뿐이었다. 하나님은 회심과 세례 이후에 더 큰 기적을 일으키셨다. 그들을 '교회'로 세우신 것이다. 이것은 단회적인 이벤트가 아니었다. 회심한 3천 명의 '일상'에 변화가 일어났다. 삶의 방식이 근본적으로 변화된 것이다. 그들은 사도의 가르침을 받기 시작했다. 그러자 성도의 교제가 일어났다. 예수께서 명하신 성찬이 거행되고 기도 운동이 일어났다. 수동적인 종교 생활이 아니었다. 매우 적극적인 기적의 일상이었다. 그렇게 기적으로 시작된 초대교회는 '예배 공동체'로 지어져 갔다.

초대교회의 예배: 하나 됨의 기적

초대교회 성도들의 예배는 적극적이었다. 42절에서 "힘쓰니라"로 번역된 '프로스카르테레오'(προσκαρτερέω)는 그들의 의도적인 헌신을 보여 준다. 이 단어는 전치사 '프로스'(~에 대해)와 동사 '카르테레오'(견고하다, 지속하다)가 결합되어 '무언가를 보존하

기 위해 온 힘을 쏟는 것'을 의미한다.[1] 초대교회 성도들의 일상
에는 사도들의 가르침을 지키며 교회의 하나 됨을 이루기 위한
적극적인 '영적 습관'이 있었다.[2] 누가 강요하지 않아도 서로 힘
써 하나 되며 성도의 교제(코이노니아, κοινωνία)를 이루며 살았다.

초대교회의 하나 됨은 더 큰 기적으로 열매 맺었다. 바로 사
도행전 2장 43-45절에 등장하는 '실제적인 하나 됨'이다.

> 사람마다 두려워하는데 사도들로 말미암아 기사와 표적이 많이 나
> 타나니 믿는 사람이 다 함께 있어 모든 물건을 서로 통용하고 또 재산
> 과 소유를 팔아 각 사람의 필요를 따라 나눠 주며 _행 2:43-45

43절을 보면, 하나님의 위엄(φόβος)이 영혼들 위에 임했다.
그리고 많은 기사와 표적(πολύς τέρας καί σημεῖον)이 사도들을 통
해 나타났다.[3] 이것은 하나님께서 주도하신, 성령의 임재에 대

---

1 사도행전 1장 14절, 2장 46절, 6장 4절, 8장 13절에서도 이 단어는 '하나님을 위해
   적극적으로 헌신하는 삶의 태도'를 묘사한다.

2 Jaroslav Pelikan, *Acts: Brazos Theological Commentary on the Bible* (Grand
   Rapids, MI: Brazos Press, 2005), 59.

3 이 문장에서 주어는 '두려움'(φόβος)과 '많은 기사와 표적'(πολύς τέρας καί σημεῖον)
   이다. 그래서 ESV 성경에서는 "And awe came upon every soul, and many
   wonders and signs were being done through the apostles"로 번역한다. 사람
   들이 두려움을 느낀 것이 아니라 하나님의 위엄이 영혼들 위에 임했다는 것이다. 또
   한 사도들이 아닌, 기사와 표적 자체가 강조되고 있다. 이는 하나님의 주도적인 역사

한 부정할 수 없는 증거였다. 사람들은 성령 하나님의 초자연적인 임재를 느꼈다. 그러나 초자연적인 임재 자체가 목적은 아니었다. 하나님의 목표점은 기사와 표적을 통해 44절과 45절을 이루는 것이었기 때문이다. 하나님은 기사와 표적보다 더 큰 기적을 원하셨다.

어떤 기적인가? 바로 초대교회 성도들을 '진정한 영적 가족'으로 세우는 것이다. 하나님은 서로를 돌아보며 자신의 것을 내어 주는 사랑의 공동체를 이루기 원하셨다. 이것은 죄로 오염된 인간의 이기심이 사라지는 놀라운 사건이다. 무엇과도 비교할 수 없는 가장 큰 기적이다.

생각해 보라. 어떻게 죄로 오염된 인간이 이기심을 온전히 버릴 수 있는가? 더군다나 사도행전 4장 32절에서 반복되는 것이 인간의 힘으로 가능할까?

> 믿는 무리가 한마음과 한 뜻이 되어 모든 물건을 서로 통용하고 자기 재물을 조금이라도 자기 것이라 하는 이가 하나도 없더라 _행 4:32

이 구절에서 중요한 단어는 "조금이라도"다. 정말 모든 것을 내놓았다는 말이다. 이것이 어떻게 가능했을까? 어떻게 한두

를 의미하는 것이다.

사람도 아니고 믿는 '무리'가 '조금이라도' 자기 것을 주장하지 않을 수 있었을까?

초대교회의 하나 됨은 설명할 수 없는 사건, 오직 성령의 특별한 역사였다. 성령께서 초대교회 성도들을 '진정한 영적 가족'으로 만드신 것이다. 피상적인 관계가 아니었다. 어느 정도 이해하고 공감해 주는 태도가 아니었다. 어쩌다 한두 번 일어난 감정적인 사건도 아니었다. 이들의 하나 됨은 정말 모든 것을 아낌없이 내어 주는 '적극적이고 실제적인 행동'이었다. 의지적으로 서로의 필요를 채우며 '삶의 하나 됨'을 이룬 것이다. 이것은 기적 중의 기적이었다.

예배를 넘어 하나 됨으로

기적으로 시작된 초대교회는 세상을 향했다. 그들은 많은 사람이 모여 예배하는 것을 목적으로 두지 않았다. 초대교회가 세상을 향한 이유는 하나님의 시선이 세상을 향해 있기 때문이다(요 3:16). 하나님은 예배자가 세상을 변화시키기 원하신다. 예배자들이 살아가는 모든 곳에 예배가 세워지기 원하신다. 모여서 드리는 예배가 삶의 예배로 확장되고, 그곳에 또 다른 예배가 세워지는 것을 원하신다. 하나님이 원하시는 예배는 끊임없이 확장되는 생명력을 가진 예배다.

그래서 교회는, 그리스도인은, 예배드리는 행위 자체에 만족하면 안 된다. 초대교회 예배 공동체처럼 '성도의 진정한 교제'가 이루어져야 한다. 그러려면 먼저 예배자들의 하나 됨이 필요하다. 예배를 드리며 성령의 임재하심을 경험해야 한다. 진정한 하나 됨은 오직 성령께서 이루신다(엡 4:3). 정형화된 예배가 아닌, 성령께서 역동하시는 예배를 통해 하나 됨을 경험하며 '진정한 영적 가족'이 되는 것이 삶을 변화시키는 능력이 된다.

여기서 중요한 것은 '자발성'이다. 하나님은 자발적인 하나 됨을 원하신다. 인간이 주도하는 사역이 아닌 성령께서 일으키시는 사랑의 감정으로 실제적인 하나 됨을 이루는 것을 원하신다. 그런 능동성에서 삶의 변화가 시작된다. 성경은 이런 삶의 방식을 "다 함께 있어"(행 2:44)로 표현한다. 이는 단순히 공동생활을 했다는 의미가 아니다. 그리스도 안에서 '적극적으로' 하나를 이루었다는 뜻이다(요 17:21).

여기서 중요한 부분은 초대교회 성도들의 믿음이 타인을 향했다는 것이다. 성경공부나 경건 훈련 등 개인을 위한 행함에 멈추지 않았다. 야고보서 2장 14-17절은 이런 '행함이 있는 믿음'을 강조한다.

내 형제들아 만일 사람이 믿음이 있노라 하고 행함이 없으면 무슨 유익이 있으리요 그 믿음이 능히 자기를 구원하겠느냐 만일 형제나 자매가 헐벗고 일용할 양식이 없는데 너희 중에 누구든지 그에게 이르되 평안히 가라, 덥게 하라, 배부르게 하라 하며 그 몸에 쓸 것을 주지 아니하면 무슨 유익이 있으리요 이와 같이 행함이 없는 믿음은 그 자체가 죽은 것이라 _약 2:14-17

살아 있는 믿음은 능동적인 하나 됨으로 나타난다. 자기의 것을 내어 주는 '행함'이 삶의 모든 부분에서 일어난다. 그렇지 않은 믿음은 죽은 믿음이다. 야고보는 단호하다. 야고보가 말하는 믿음은 나를 위한 것이 아닌 하나님을 위한 것이다.

그래서 예수님은 '하나님 사랑, 이웃 사랑'을 말씀하셨다(마 22:37-39). 하나님을 사랑한다면, 이웃을 사랑해야 한다. 예배도 마찬가지다. 개인의 예배는 공동체로 연결되어야 한다. 예배자들의 하나 됨은 예배의 필수 요소다. 교회 안에서 영과 진리로 예배했다면, 교회 밖에서도 서로를 향한 관심과 사랑으로 하나 되어야 한다. 서로에게 깊은 관심을 가지고 서로의 필요를 찾아내는 적극적인 삶의 태도를 가져야 한다는 말이다. 그리고 서로의 현실적인 필요에 마음을 쏟으며 자신의 것을 기꺼이 내놓을 수 있어야 한다. 그런 실천이 있을 때 하나님을 모르는 자들까지도 사랑할 수 있다. 초대교회에는 그런 하나 됨의 기적이 가득했다.

2

가정으로 확장된 예배

초대교회의 하나 됨은 기적 중의 기적이었다. 그런데 기적은 여기서 멈추지 않았다. 하나님은 하나 된 교회를 통해 더 큰일을 이루셨다. 예배의 지경이 확장된 것이다. 성전에 국한된 제사를 벗어나 성전과 집 모두에서 성령을 통해 드리는 예배가 시작되었다.

성전과 집의 예배가 분리되기 시작했다. 여기에 가정예배의 시작이 있다. 혁신적인 사고의 전환이다. 이전에는 하나만 존재하던 예배 장소가 성전과 집으로 다변화되었다. 그 결과, 성전에서만 드려지던 예배가 도시 곳곳으로 확산되었고, 성전 울타리를 넘은 복음은 더욱 강력하게 전파되기 시작했다. 집이 예배의 처소가 되면서 그리스도인의 일상이 예배로 채워지기 시작했다.

성전 울타리를 넘은 예배

초대교회의 하나 됨은 예배의 지경을 확장시켰다. 마음을 같이하여 성전에서 모이는 데 그치지 않고 '집에서도' 예배하기 시작했다. 그러자 놀라운 일이 일어났다. 초대교회 성도들이 온 백성에게 칭송을 받게 된 것이다. 구원의 역사가 계속 확장되었다.

> 날마다 마음을 같이하여 성전에 모이기를 힘쓰고 집에서 떡을 떼며 기쁨과 순전한 마음으로 음식을 먹고 하나님을 찬미하며 또 온 백성에게 칭송을 받으니 주께서 구원 받는 사람을 날마다 더하게 하시니라 _행 2:46-47

본문을 보면, 초대교회 성도들은 서로 사랑하여 모이기에 힘썼다. 그래서 성전에 모이는 것만으로 만족할 수 없었다. '영적 영역'인 성전을 넘어서 '일상의 영역'인 집에서도 모였다. 목적은 떡을 떼며 음식을 먹고 하나님을 찬미하는 것이었다. 성령의 인도하심으로 '집에서도' 예배하기 시작한 것이다. 성전의 모임과 함께 집에서 모이는 것이 '교회의 모임 방식'이 되었다. 새로운 교회 문화가 만들어지기 시작했다.

물론, 본문에서 말하는 '1세기의 집'은 오늘날과 다른 개념이다. 당시 집에는 친인척과 종을 포함한 '권속'(眷屬)이 함께 거주했다. 지금처럼 한 집에 개별 가정만 거주하지 않았다. 동시에 사람 사이의 울타리도 지금보다 낮았다. 여러 가정이 함께 식사하고 교제하는 것이 자연스러웠다. 그래서 1세기 성도들은 이웃이나 교회 식구를 집으로 초청해 함께 식사하며 교제하는 데 익숙했다.[4] 이런 관점에서 보면, 초대교회 성도들에게 집은 사적 공간인 동시에 교회 공동체의 모임 장소였다.

또한, 초대교회 성도 중에는 집을 교회로 제공한 경우도 있었다(롬 16:5; 골 4:15). 특별히 3세기 이전에는 교회로 사용할 건물을 따로 건축하지 않았기에 집은 유용한 모임 장소였다. 그래서 본문이 말하는 '집'은 '개별 가정의 예배 장소'를 의미하기보다는 '초대교회 성도들이 모이는 성전 이외의 장소'로 이해할 수 있다. 그들은 성전에서도 교회로 모이고 집에서도 교회로 모였다. 그들에게 집은 흩어진 교회의 예배 공간, '작은 성전'이 되었다.

이런 문화적 배경을 생각하면, "초대교회 성도들이 집에서 모였으니 우리도 집에서 가정예배 드리자"라고 말하기는 어렵다. 그들은 적절한 모임 장소가 없었기에 집에서 모였을 뿐이다. 오늘날의 상황과는 다르다. 집은 단순히 '성전 이외의 교회 모임 장

---

4   로버트 뱅크스, 『1세기 교회 예배 이야기』, 신현기 역 (서울: IVP, 2021), 36.

소'라고 생각해야 한다. 본문을 문자 그대로 적용하기보다는 '집에서 모였다'라는 구절이 우리에게 주는 의미를 생각해야 한다.

어떤 의미가 있을까? 본문이 강조하는 것은, 초대교회 성도들은 장소를 불문하고 날마다 모이기에 힘썼다는 사실이다. 특별히 그들은 '집'이라는 개인의 공간까지도 교회 공동체를 위해 내어놓았다. 이것은 성전을 중심으로 이루어지던 유대교적 신앙이 확장되어 집에서도 예배하게 되었다는 의미를 가진다.

이 부분이 중요하다. 초대교회 성도들에게 '성전과 집 모두' 예배의 장소가 되었다. 성전에서 드리는 예배와 집에서 드리는 예배가 동일선상에 올려진 것이다. 성전과 집의 분리가 아닌, 성전과 집이 같은 목적을 가진 공간으로 받아들여졌다. 이런 사고의 전환은 새로운 교회 문화를 만들어 냈다. 어디서나 모이기에 힘쓰며 서로를 돌보는 '영적 가족'으로 서로를 인식하게 된 것이다.

여기서 오늘날 적용할 수 있는 가정예배의 기초가 등장한다. 그것은 바로 교회에서 드리는 예배와 집에서 드리는 예배가 본질적으로 같다는 것이다. 가정예배와 교회의 예배를 다르게 생각하면 안 된다. 예배는 모두 예배다. 여기에 다른 목적이 들어올 때 예배는 변질된다. 가족의 소통이나 자녀 신앙 교육이 가정예배의 목적이 되면 안 된다. 가정예배는 오직 하나님을 경배하기 위해 '집에서 드리는 순전한 예배'가 되어야 한다.

가정예배의 기초: 흩어진 교회 가족들의 예배

앞에서 이야기한 관점으로 생각해 보면, 가정예배는 교회에서 함께 예배한 영적 가족들이 각자의 집에서 '흩어진 교회가 되어 드리는 예배'다. 같은 본질을 가지고 장소와 형식만 달라진 것이다. 각 가정이 알아서 감당하는 독립적인 예배가 아니다. 비록 장소와 시간은 다르지만, 가정예배를 통해 교회 가족들이 한 성령 안에서 예배하는 것이다. 교회에서 하나님을 예배하듯, 집에서도 하나님을 예배하는 것이 가정예배다.[5]

그래서 가정예배는 '공동체적으로' 이해해야 한다. 각 가정은 본래 '흩어진 교회'이기에 각자의 집에서도 예배드리는 것이다. 독립된 가정이 드리는 독자적인 예배가 아니다. 교회에 모여서 드리는 예배가 있다면, 집에 흩어져서 드리는 예배도 있는 것이다. 이제 예배는 성전에 국한되지 않는다. 어디에나 계신 하나님은 어디서나 예배를 받으신다. 한곳에서 드려지던 예배가 일상의 곳곳에, 도시의 곳곳에 흩어져서 드리는 예배로 확장된 것이다.

이러한 예배 지경의 확장은 구약의 제사가 신약의 예배로 전

---

5 가정예배는 '공간과 시간'으로 정의해야 한다. 사람의 참석 유무나 예배 형식으로 정의하면 안 된다. 이 부분에 대해서는 Chpter 2에서 자세히 다룰 것이다.

환되는 것과 유사하다. 성전 중심으로 이루어지던 구약 공동체가 장소의 제약을 벗어난 신약의 교회로 전환되었기 때문이다. 마가의 다락방에서 일어난 오순절 성령 강림이 그 시작이었다. 언약궤가 있던 성전이 아닌, 평범한 개인의 집에 성령이 임하신 사건이다. 이것은 혁신이었지만, 아무도 이의를 제기할 수 없었다. 하나님의 뜻이 분명하게 보였기 때문이다. 성경은 이 사건이 많은 사람에게 목격되었다고 기록한다(행 2:5-12). 특별히 제자들은 이 역사적 현장의 중심에 있었다. 그래서 누구도 집에서 예배하는 것을 반대할 수 없었다. 평범한 집에서 모일 때도 성전과 동일하게 성령께서 임하신다는 것을 모두 알았기 때문이다. 집에서 떡을 떼며 하나님을 찬미하는 것이 가능해진 것이다.

그럼에도 초대교회 성도들은 성전 출입을 지속했다. 이전의 신앙 관습을 부정하지 않았다. 사도들은 성전에 기도하러 가는 길에 성전 미문의 앉은뱅이를 걷게 했다(행 3:1-10). 주의 사자는 밤에 옥문을 열고 끌어 낸 사도들에게 "성전에 서서 이 생명의 말씀을 다 백성에게 말하라"(행 5:20)라고 명령했다. 성전은 여전히 초대교회 신앙의 중심지였다.

성전에만 머물지 않고 가정으로 확장된 예배는 초대교회 성도들의 삶에 변화를 일으켰다. 일상의 영역에 예배가 들어오니 삶이 예배가 되기 시작했다(행 2:46-47). 그 결과는 '수평적, 수직적 복음 전파'였다.

3

예배로 전해지는 믿음

앞서 살펴본 내용을 정리하자면, 기적으로 시작한 초대교회는 예배 공동체로 세워졌다. 이들의 예배는 형식적인 예배, 죽은 예배가 아니었다. 행함이 있는 살아 있는 예배였다. 성령 하나님의 사랑이 공동체에 부어지니 서로를 향한 관심과 섬김이 일어났다. 자신의 것을 기꺼이 내어 주며 적극적으로 사랑했다.

그 사랑의 결과는 '언제 어디서나 예배드리는 공동체'였다. 모여서 드리는 예배를 넘어 각자의 집에 흩어져서 예배하는 교회가 되었다. 교회 울타리에 갇힌 신앙이 아니었다. 초대교회 성도들은 삶의 현장에서 날마다 예배했다. 그러자 하나님께서 기적을 일으키신 궁극적인 이유가 드러났다. 바로 '복음의 확장'이다.

초대교회 가정예배의 결과: 복음의 확장

초대교회 성도들은 성전과 집 모두에서 모이기에 힘썼다. 그 결과는 놀라웠다. 사도행전 2장 46-47절을 다시 보자.

> 날마다 마음을 같이하여 성전에 모이기를 힘쓰고 집에서 떡을 떼며 기쁨과 순전한 마음으로 음식을 먹고 하나님을 찬미하며 또 온 백성에게 칭송을 받으니 주께서 구원 받는 사람을 날마다 더하게 하시니라 _행 2:46-47

인상적인 구절은 47절의 하반절, "주께서 구원 받는 사람을 날마다 더하게 하시니라"다. 여기서 '날마다'라는 단어는 46절을 시작하는 '날마다'와 연결된다. 그들이 '날마다' 성전과 집에서 모였는데 '날마다' 구원의 역사가 일어났다고 한다. 의도적인 기록이다. 하나님께서 이들의 예배를 통해 일하셨다는 것을 강조하기 위해서다.

왜 이 부분을 강조할까? 하나님의 뜻은 '성전에 모이는 교회'를 넘어 '집으로 흩어지는 교회'가 되는 것이기 때문이다. 종교적 공간인 '성전'을 넘어서 일상의 영역인 '집'을 예배의 공간으로 세우는 것이 하나님의 뜻이다. 여기에는 놀라운 이유가 있다. 무엇일까? 집에서 예배드리면 가족의 일상이 예배의 영향을 받는다는 사실이다. 가족이 생존 공동체가 아닌, 영적 공동체로 살아가게 되는 것이다. 종교가 아닌 삶으로 예배하는 가정을 세우시는 하나님의 방법이다.

실제로 집에서 예배를 드리다 보면 집안에 은혜의 경험이 스며든다. 믿음의 가족들과 함께한 예배와 교제의 추억이 집안 곳곳에 새겨지는 것이다. 반갑게 웃으며 인사하던 현관, 함께 찬양하던 거실, 마음속 이야기를 나누던 소파 등 일상의 공간에 영적 추억이 새겨진다. 성령 하나님은 그렇게 차곡차곡 쌓인 거룩한 시간을 사용하신다. 가족의 따뜻한 영적 추억들을 통해 메마른 심령을 만지신다.

사람을 변화시키는 힘은 사랑이다. 성경 교육이나 행동 교정보다 따뜻한 감정의 전달이 중요하다. '따뜻함'이 핵심이다. 따뜻함은 신비하다. 따뜻함이 가족들의 마음에 사랑을 채울 때, 가족의 말과 행동이 변화된다. 표정과 태도가 새로워진다. 따스한 성령의 사랑이 마음을 녹이면 가족이 서로를 사랑으로 대하게 된다.

마음이 먼저다. 알고 믿는 게 아니다. 믿으니 알게 되는 것이다. 기독교 교육의 위험성이 여기에 있다. 우리는 잘 가르치는 데 힘을 쏟는다. 때론 사랑하기에 다그친다. 문제는 그러다가 마음을 잃을 위험이 크다는 사실이다. 마음을 잃으면 신앙 전수의 통로가 막힌다. 가르침보다 중요한 것은 '사랑의 관계'다.

마음이 열리면 머리도 열린다. 믿음이 있어야 배움도 있다(고전 2:12-14). 사랑의 관계를 통해 성령께 마음을 열어야 하나님을 알게 된다. 사랑을 놓치면 아무 유익이 없다(고전 13:1-3). 사람은 사랑으로 변화된다.

여기에 신앙 전수의 핵심이 들어 있다. 바로 '예배를 통해 경험하는 사랑'이다. 가정을 예배로 채우면 성령께서 사랑을 일으키시고 그 사랑의 온기가 자녀의 신앙과 인격을 형성한다. 세대 간 신앙 전수는 고도의 성경 교육이나 엄격한 신앙 훈련을 통해 이뤄지지 않는다. '따뜻하고, 수용적이고, 지원적인 양육 방식'에 의해서 이루어진다.[6] 하나님은 존귀한 자녀들을 따스한 사랑으로 다루신다. 부모도 동일해야 하지 않을까?

그래서 신앙은 '일상의 사랑'으로 전해진다고 할 수 있다. 성경 지식보다 중요한 것은 '가정 안에서 이루어지는 따뜻한 영적 경험'이다. 그러면 어느 날 하나님께서 자녀의 심령을 만지시고 말씀을 깨닫게 하신다(요 16:12-13). 이것은 일상에서 매우 자연스럽게 이루어지는 구원과 성화의 과정이다. 인위적인 활동

---

[6] Vern L. Bengtson, Norella M. Putney, and Susan C. Harris, *Families and Faith: How Religion Is Passed Down across Generations* (New York, NY: Oxford University Press, 2013), 91. 원어는 다음과 같다. "the major message is the importance of warm, affirming, and supportive parenting ⋯ in enhancing religious continuity across generations."

이나 이벤트, 교육 방법론은 단편적인 기회를 제공할 뿐이다. 아무리 좋은 행사를 기획해도 일상의 사랑이 없으면 무용지물이다. 자녀에게 신앙을 전해 주는 가장 중요한 통로는 자녀와 함께 예배하며 살아가는 '따뜻한 일상'이다.

그런데 중요한 부분이 있다. 성경이 말하는 사랑은 공의와 함께한다. 사랑을 핑계로 무조건 용납해 주는 양육 방식은 옳지 않다. '해라'와 '하지 말라'로 점철된 율법적 양육도, '무조건적인 용납으로 자존감을 세워 주는' 세속적 양육도 하나님이 원하시는 것이 아니다. 복음이 주는 사랑과 공의를 부모의 삶으로 보여 주는 양육을 해야 한다. 그러니 부모는 '주를 위해 살고 주를 위해 죽는'(롬 14:8) 그리스도인으로 살아가야 한다.

이런 삶을 '십자가로만 해석되는 인생'이라고 부른다. 오직 십자가를 대입할 때에만 납득할 수 있는, 복음을 위한 삶과 죽음이다. 이런 인생은 세상의 가치관으로는 이해할 수 없다. 때론 자녀의 불평을 들을 수도 있다. 아직 십자가를 모르기 때문이다. 그러나 포기하면 안 된다. 어느 날 성령께서 역사하실 것이다. 그때 자녀는 부모의 삶에서 십자가를 발견하게 된다. 깨닫는 순간은 반드시 온다. 부모가 세상을 떠난 후에라도 유품을 정리하며 십자가를 발견할 수 있다.

죄인을 구원하는 하나님의 방법은 신비하다. 이런 관점에서 보면, 47절의 "구원 받는 사람"에는 자녀도 포함된다. 부모의 믿음은 유전되지 않는다. 모든 사람이 원죄를 지니고 태어나기에, 자녀 역시 복음을 믿고 구원을 받아야 한다. 부모는 자녀에게 복음을 전해 주어야 한다. 인간의 말이나 종교 행위에 집중하면 율법을 전하게 된다. 부모는 율법이 아닌 복음을 가르쳐야 한다. 그 방법이 '예배'다.

복음은 복음으로만 가르칠 수 있다. 율법적 방식으로는 불가능하다. 기쁨으로 하나님을 예배할 때, 그분의 사랑과 용서에 감격할 때, 서로의 필요를 채우며 사랑으로 섬길 때, 가정이 복음으로 채워지고 그 복음의 온기가 자녀를 변화시킨다. 그리고 그때 주위를 복음으로 물들이는 '선교적 가정'으로 세워진다. 복음이 가정에 채워질 때, 그 복음은 "모든 믿는 자에게 구원을 주시는 하나님의 능력"(롬 1:16)이 된다.

예배하는 가정의 열매: 선교적 가정

여기서 가정예배의 궁극적 목적이 등장한다. 바로 '선교적 가정을 세우는 것'이다. 예배를 통해 성전과 집에 복음을 채워 '복음의 능력'을 덧입는 것이다. 선교가 '예배가 없는 곳에 예배를 세우는 것'이라면, 가정예배는 '예배가 없는 가정에 예배를 세우는 것'[7]이 되어야 한다. 하나님은 예배를 통해 구원의 역사를 이루신다.

이것이 사도행전 2장의 결말이다. 초대교회 성도들이 성전과 집에서 예배한 결과는 '복음의 확장'이었다. 그들은 예배를 통해 변화되어 온 백성에게 칭송을 받았다. 예수님이 명령하신 '세상에 빛을 비추는 삶'(마 5:14-16)이 예배를 통해 일어난 것이다. 초대교회의 예배는 '교회 내적인 은혜'를 넘어 '세상을 비추는 능력'이 되었다.

여기서 주목해야 하는 부분이 있다. 성경이 초대교회 성도들의 어떤 선행이나 노력을 기록하지 않았다는 사실이다. 그들이 한 일은 오직 성전과 집에서 성도의 교제를 누리며 하나님을 찬미한 것뿐이었다. 인간의 인위적인 활동이나 세력을 모으는 사회 운동이 아니었다.

그렇다면 초대교회 성도들이 칭송을 받은 원인은 무엇일까? 그들의 '영적인 삶' 때문이었다. 성전과 집에서 모이기에 힘쓰며 하나님을 찬미하는 행동이 삶을 변화시킨 것이다. 제임스 스미스가 이야기하듯, 그리스도인의 예배 의식에 대한 훈련(The liturgical practice)은 "하나님의 선교에 동참하기 위한 기독교인

---

7 John Piper writes, "Missions exists because worship doesn't." 참고. https://www.desiringgod.org/messages/missions-exists-because-worship-doesnt-a-bethlehem-legacy-inherited-and-bequeathed

의 행동"[8]이기 때문이다. 예배 훈련이 개인의 신앙과 인격을 변화시키고 '날마다 구원받는 사람이 더해지는 기적'으로 열매 맺게 한다.

가정예배는 가족의 좋은 관계를 만들기 위한 시간도, 자녀의 성경 지식을 위한 시간도 아니다. 가정예배의 근원이 '교회 예배와 동일하게 집에서 드리는 예배'라면, 가정예배의 목적은 '선교적 가정으로 세워지는 것'이다. 사도행전 2장의 역사가 오늘 현실로 이루어지는 방법은 교회에서도, 가정에서도 모이기에 힘쓰며 하나님을 찬미하는 것이다. 그래서 가정예배의 본질적 목적은 '복음의 확장'이다.

---

8 James K. A. Smith, *Awaiting the King: Reforming Public Theology* (Grand Rapids, MI: Baker Academic, 2017), 221.

- Origin을 발견했다면

사도행전 2장 41-47절에서 발견한 가정예배의 근원(Origin)은 두 가지로 정리할 수 있다. 첫째, 가정예배는 교회에서 드리는 예배와 동일한 '예배'라는 것이다. 장소와 시간의 차이만 있을 뿐, 가정예배는 각 가정이 교회 가족의 일부로서 드리는 공동체적 예배다. 그래서 가정예배는 각 가정이 개별적으로 드리는 예배에 머물면 안 된다. 가정예배는 부모 세대가 함께 감당해야 하는 공동체적 사명이다.

둘째, 가정예배의 목적은 '복음의 확장'이다. 가족끼리의 친교 시간이 아니다. 성경공부 시간도 아니다. 하나님께서 성전과 집에서 모이기에 힘쓰던 초대교회 성도들을 통해 복음을 확장하신 것처럼, 우리도 교회와 가정의 예배를 통해 선교적 가정으로 세우기 원하신다. 가정예배는 그 사명을 위한 실제적 순종이다.

이 두 가지 가정예배의 근원은 가정예배의 설계도(Blueprint)를 새롭게 하는 기초가 된다. 가정예배를 부모 세대의 공동체적 사명으로 바라보며 복음 전파를 위한 사역으로 설정해야 한다. 이는 기존에 한국교회에서 통용되던 가정예배 개념과 다르다. 이제 다음 챕터에서 구체적인 설계도를 그려 볼 것이다.

CHAPTER

02

가정예배 **Blueprint**

설계도(Blueprint)는 원형(Origin)을 시각화(Visualization)한다. 완성된 집이 어떤 모습일지 미리 보여 주는 것이다. 동시에 설계도는 구체적인 건축 방법을 알려 준다. 여기서 어긋나면 안 된다. 건축자는 제대로 그려진 설계도를 그대로 따라야 한다.

그래서 하나님은 모세에게 성막 건축을 구체적으로 명하셨다. 설계도를 주신 것이다. 하나님이 원하시는 성막의 원형이 있었기 때문이다. 인간은 하나님이 주신 설계도를 그대로 따라야 했다. 성전 건축을 구체적으로 명령하신 이유는 순종이었다. 성전 건축의 핵심은 "여호와께서 모세에게 명령하신 대로" 순종하는 것이었다(출 39:42-43).

가정예배도 동일하다. 하나님께서 원하시는 가정예배의 원형(Origin)이 있다. 무엇일까? 사도행전 2장처럼, 집으로 흩어진 교회 가족들이 예배를 통해 복음을 전하는 것이다. 가정예배는 인간을 위한 시간이 아니다. 하나님을 위한 시간, 복음을 위한 시간이다.

이것을 구현하기 위한 가정예배 설계도(Blueprint)가 필요하다. 가정예배를 세우기 위한 이론적 밑그림을 준비해야 한다. 그 시작은 가정예배를 재정의하는 것이다. 성경이 말하는 '하나님을 위한 가정예배'를 기초로 사명과 전략, 방법을 정리해야 한다. 이 부분을 제대로 그려야 하나님이 원하시는 가정예배를 세울 수 있다.

부모 세대가 함께 하는 가정예배 문화 만들기

교회와 함께 가정예배

1

설계도 기초 작업:
가정예배 재정의(Renewal)

가정예배를 재정의하는 것은 설계도를 그리는 기초 작업이다. 어떤 가정예배를 추구해야 하는지 원형을 보여 주기 때문이다. 이 부분이 명확하지 않거나 잘못된 원형을 추구하면 설계도를 그릴 수 없다. 성경에 근거한 가정예배가 무엇인지 정리해야 한다.

이를 위해 가정예배가 무엇인지 말씀을 통해 재정의해야 한다. 기초가 되는 본문은 앞에서 살펴본 사도행전 2장이다. 이후에는 가정예배를 향한 영적 전쟁을 파악하고 대응하는 방법을 생각해야 한다. 여기서 실제적인 전략이 나오기 때문이다.

가정예배는 무엇인가?

가정예배는 왜 드려야 할까? 자녀 교육을 위해서일까? 종교적 의무감 때문일까? 아니면 가족의 소통과 화목을 위해서일까? 모두 아니다. 사도행전 2장에 나타난 가정예배의 시작은 하나님을 향한 사랑이었다. 의도적인 프로그램이 아니었다. 누군가가 주도하지도 않았다. 가정예배는 "날마다 마음을 같이하여" 모인 성전의 예배가 집으로 확장된 것이었다(행 2:46).

가정예배 재정의(Renewal)는 이 부분에서 시작한다. 가정예배를 '흩어진 교회 공동체가 각자의 집에서 드리는 정기적인 예배'로 정의하는 것이다. 여기서 중요한 부분은 '성전 예배의 연장선'이라는 인식이다. 가정예배는 교회와 분리된 독자적인 예배가 아니다. 예배의 공간이 교회에서 집으로 확장된 것뿐이다. 그래서 가정예배는 교회 가족과 함께하는 공동체적 예배가 되어야 한다.

여기서 가장 핵심적인 단어는 '예배'다. 가정예배는 예배다. 어떤 형식이나 프로그램, 방법론이 아니다. 가정예배를 이야기할 때 이 부분은 매우 중요하다. 하나님께 초점을 맞추지 않은 가정예배는 금세 길을 잃어버리기 때문이다. 오직 하나님께 예배하는 데 목적을 둬야 한다. 그러면 하나님께서 가족의 소통도, 상처의 치유도, 신앙 교육도 모두 채우신다.

이런 관점에서 가정예배는 마태복음 6장 33절을 신뢰하는 구체적인 행동이다.

> 그런즉 너희는 먼저 그의 나라와 그의 의를 구하라 그리하면 이 모든 것을 너희에게 더하시리라 _마 6:33

예수님의 말씀은 명확하다. 우리 삶의 최우선 순위는 언제나 '그의 나라와 그의 의'를 구하는 것이다. "그리하면 이 모든 것을 너희에게 더하시리라"라는 약속을 믿고 하나님의 영광을 구하는 것이다. 무엇을 먹을까, 무엇을 마실까, 무엇을 입을까 염려하는 대신, 먼저 집에서 예배해야 한다.

이런 의미에서 가정예배는 '가정의 주인이신 하나님께 가정을 내어 드리는 시간'이다. 말로만 내어 드리는 게 아니다. 일상 속 모든 분주함을 뒤로하고 예배를 사수해야 한다. 예배는 하나님의 통치에 대한 인정이기 때문이다(계 15:3-4). 여기서도 중요한 부분은 가정예배의 목적이 순수하게 '예배'여야 한다는 것이다. 가정예배의 순수성은 아무리 강조해도 지나치지 않다.

순수성을 잃은 예배는 능력을 잃어버린다. 다른 목적이 들어오면 변질되기 시작한다. 변질은 모든 것을 무너뜨린다. 가정예배를 어떤 형식이나 프로그램, 방법론 따위로 전락하게 만든다. 예배가 아닌 아이들을 가르치기 위한 시간이 되면, 당연히 아이들은 가정예배를 거부한다. 의도가 뻔히 보이는데 그 자리에 앉아 있을 이유가 없고, 가정예배가 율법이 되어 부담스러운 '일'로 자리매김하기 때문이다. 이런 악순환의 시작은 '순수성이 사라진 예배'다.

신기하게도 자녀는 부모의 의도를 직관적으로 간파한다. 하나님만 중심을 아시는 게 아니다. 자녀 역시 부모를 누구보다 잘 안다. 태어나서 지금까지 부모를 보고 성장했기에 부모의 표정, 말투, 행동의 작은 변화까지도 놓치지 않는다. 아무리 열린 질문을 해도 그 안에 담긴 의도를 숨길 수 없다. '하나님, 예수님, 십자가, 복음, 순종, 성실, 착하게 살자' 등 아이들은 부모가 원하는 대답을 안다. 이런 방식으로는 아이들을 교육할 수 없다.

부모의 마음에 있는 가정예배의 동기부터 바꿔야 한다. 사랑하는 가족과 집에서 하나님을 예배하려는 순수한 동기를 회복해야 한다. 자녀에게 믿음을 주는 것은 오직 성령 하나님이심을 인정해야 한다. 부모는 그 하나님을 믿고 예배할 뿐이다. 그래서 가정예배는 오직 하나님만을 향한 순전한 예배가 되어야 한다.

그동안 한국교회는 가정예배를 너무 편협하게 이해했다. 가족의 화목을 위한 시간이나 자녀 교육을 위한 시간으로 이야기했다. 아빠, 엄마, 자녀 한두 명이 한자리에 앉아 성경책을 펴 놓고 있는 그림을 가정예배의 표본으로 그렸다. 그러다 보니 어린 자녀가 있어야 가정예배를 드릴 수 있다는 오해가 생겼다. "아이들이 다 커서 가정예배 못 드려요"라는 핑계도 여기서 나왔다. 가정예배를 '어린 자녀를 둔 가정들이 하는 것'으로 생각하는 잘못된 인식이다.

인식을 전환해야 한다. 가정예배는 모든 그리스도인에게 주신 명령이다. 삶의 모든 현장이 '예배의 공간'이기 때문이다(롬 12:1). 그리스도인은 교회나 직장, 다른 어느 곳보다 가정에서 예배자로 살아야 한다. 그리스도인에게 집은 주거의 공간을 넘어 예배의 공간이 되어야 한다. 혼자서라도 집에서 예배하며 말씀과 기도, 찬양을 심어야 한다.

이런 관점에서 가정예배는 '사람이나 방법'이 아닌, '공간과 시간'으로 이해해야 한다. 가정예배를 '집(공간)에서 정기적으로 (시간) 드리는 예배'로 정의하는 것이다. 여기에 가정예배의 비밀이 있다. 가정예배는 사람의 모임이 아니다. 신앙 교육을 위한 방법도 아니다. 누가 모였는지, 어떤 커리큘럼이나 교재를 사용하는지보다 중요한 것은 '정해진 시간에 집이 예배의 처소가 되는 것'이다. 예배의 순수성을 지키는 데 가정예배의 성패가 달려 있다.

그렇기에 혼자서라도 시간을 정해 놓고 집에서 예배한다면, 가정예배를 드리는 것이다. 가족이 다 모이지 않아도 괜찮다. 예배는 한 사람의 예배자로도 충분하기 때문이다. 하나님은 한 사람의 예배자를 통해 예배를 세우신다. 물론 부부가 함께 한다면 더 좋다. 부부가 함께 예배할 때 태초에 하나님께서 만드신 에덴 동산의 부부 관계가 회복될 수 있다. 그러나 시작은 '한 사람'이다. 하나님께서 부르신 가정예배 사명자가 혼자서라도 집이라는 공간을 예배로 채우면 된다. 그러면 가정의 온도가 바뀌기 시작한다. 보혈은 뜨겁다. 성령의 임재는 가정을 따뜻하게 만든다. 그러면 서로를 품을 수 있는 따뜻한 관계가 만들어진다. 복음이 만드는 신비로운 역사가 일어난다.

가정예배와 영적 전쟁

그런데 우리 일상에는 가정예배를 방해하는 요소가 수없이 많다. 우리 삶은 분주하다. 자녀의 문제 행동은 예배를 멈추게 만든다. 울리는 전화벨 소리에 예배를 떠나고, 예상치 못한 상황이 발생하면 가정예배를 취소하기도 한다. 우리는 문제가 발생하면 하나님보다 당장의 해결책을 찾곤 한다. 그래서 우리는 가정예배를 준비하는 시간부터 영적 전쟁을 마주한다.

생각해 보라. 문제가 발생하면 가장 먼저 붙들어야 하는 존재가 누구인가? 하나님이다. 우리는 무엇을 먹을까, 무엇을 마실까, 무엇을 입을까 걱정하기 전에 먼저 그의 나라와 그의 의를 구해야 한다. 그리하면 하늘 아버지께서 모든 것을 더하신다고 약속하셨다. 약속을 믿어야 가정예배를 지속할 수 있다. 믿음으로 삶의 우선순위를 하나님께 드려야 한다.

사탄의 방해는 교묘하고 지속적이다. 우는 사자처럼 삼킬 자를 찾아 두루 다니고 있다(벧전 5:8). 영적 전쟁은 실재다. 가정예배에 따라오는 영적 전쟁을 인식해야 한다. 이것은 매우 중요하다. 인식이 결과를 바꾼다. 인식하지 못하면 이길 수 없다. 전쟁에서 고지를 탈환하듯, 집이라는 공간을 누가 점령하느냐의 싸움으로 가정예배를 바라봐야 한다.

영적 전쟁의 시각으로 바라보면 보인다. 사탄은 매우 오랫동안 가정을 은혜의 사각지대로 만들려고 노력해 왔다. 실제로 교회나 직장에서는 믿음으로 살지만, 가정에서는 무방비 상태인 그리스도인이 많다. 자기도 모르게 형성된 '집에서의 행동 습관'이 가족을 건조하게 만든다. 밖에서는 온유하던 아빠가 집에서는 엄해진다. 이웃에게는 그렇게 친절하던 엄마가 가족에게는 냉랭해진다. 친구들과는 대화가 끊이지 않는 자녀가 집에서는 문을 걸어 잠근다. 율법적 사고가 가정을 짓누른다. 말과 행동, 표정이 거칠어진다. 이유가 무엇일까? 사탄이 보이지 않는 가정 문화를 통해 가족의 하나 됨을 깨뜨리기 때문이다. 가정은 영적 전쟁의 최전선이다.

가정을 예배로 채우지 않으면, 의도적으로 복음적인 가정 문화를 만들지 않으면, 사탄은 가정을 망가뜨린다. 지금 이 시대의 깨어진 가정들을 보라. 사랑해서 결혼한 부부가 원수가 된다. 서로 수많은 상처를 주고받으며 절규한다. 부모의 위선과 아집은 자녀의 신앙과 인격을 망가뜨린다. 이유가 무엇일까? 남녀 차이나 경제적인 문제일까? 보다 본질적인 원인이 있다. 사탄이 인간의 타락한 본성을 통해 가정을 공격하는 것이다.

사탄의 전략을 알아야 한다. 그래야 대응할 수 있다. 그렇다면 1차 전략은 무엇일까? 가정예배를 어렵게 느끼도록 만드는 것이다. 부모들이 "어떻게 해야 하는지 모르겠어", "나는 성경 지식이 부족해", "우리 아이들은 가정예배를 싫어할 거야", "조금만 여유가 생기면 시작해야지. 지금은 너무 바빠"라고 말하게 만든다. 다양한 이유로 가정예배에 높은 벽을 만드는 것이다. 그러면 학습된 무기력에 빠져 시도조차 못하게 된다.

실제로 현대인은 너무 바쁘다. 부모도, 자녀도 치열한 경쟁의 굴레에서 살아간다. 그러다 보니 한자리에 모이기부터가 어렵다. 가정예배를 원하지 않는 배우자나 자녀가 있다면 더 어렵다. 예배드리려 시도하다 보면 협조하지 않는 가족들에게 마음 상하는 경우도 생긴다. 참다 보면 언성이 더 높아진다. 그러다 보면 '한 번 모이기도 이렇게 힘든데 어떻게 정기적으로 예배를 드릴까?' 하는 갑갑한 마음도 생긴다.

그럼에도 가정예배를 시작해야 한다. 시간이 안 맞으면 혼자서라도 시작해야 한다. 언제까지나 무방비로 전쟁에 노출될 수는 없지 않은가? 사랑하는 가족을 사탄의 공격에서 지켜 내야 하지 않겠는가? 다른 방법은 없다. 영적 전쟁은 예배로만 이길 수 있다.

가정예배를 결단해야 한다. 그래야 사랑으로 가족을 품을 수 있다. 인간의 힘으로는 가정에 사랑을 불어넣을 수 없다는 사실을 인정해야 한다. 죄인의 내면에는 사랑할 힘이 없다. 가족은 오직 예배로 하나 될 수 있다. 예배 시간을 정하고 그 시간에 집에서 예배하는 것이 가족이 하나 되는 최선의 방법이다.

그런데 넘어야 할 산이 또 있다. 실제로 가족이 모여도 가정예배를 지속하기는 쉽지 않다는 점이다. 우선은 어색함이 밀려온다. 서로의 민낯을 알기 때문이다. 분노를 쏟아 내던 입술로 찬양하고 기도하려니 스스로 부끄럽다. 설교까지 해야 한다면 부담은 배가 된다. 아이들도 설교로 가장한 부모의 잔소리를 듣고 싶어 하지 않는다. 그냥 잠깐 참아 주는 의무적인 가정예배가 되면 안 하느니만 못하다는 생각도 든다. 그러다 보면 어느새 가정예배를 안 드리기로 암묵적 합의에 이른다. 하루 이틀, 한 주, 두 주 미루다 보면 가정예배는 '예전에 했던 것'이 되어 버린다.

여기에도 사탄의 전략이 숨어 있다. 가정예배를 어렵게 인식시키는 1차 목표가 무산되면 사탄은 가정예배를 포기하도록 유도한다. 현실의 수많은 문제를 부각시켜 예배하려는 마음을 빼앗는다. 때론 부부간, 부모 자녀 간에 갈등을 일으켜 모이려는 마음을 무너뜨린다. 이전에는 없던 사건이 일어난다. 작은 일에 감정이 폭발할 때도 있다. 우연이 아니다. 사탄은 가정의 중요성을 알고 있다. 가정예배를 드리도록 그냥 두지 않는다.

가정예배는 분명 축복이지만, 실천하고 지속하기가 어렵다. 그 중요성에는 누구나 동의하지만, 지속하는 가정은 적은 것이 현실이다. 어쩌면 기독교 역사상 가정예배만큼 많은 사람이 고민하는 문제도 없을 것이다. 분명 은혜롭게 시작했는데 어느 날 돌아보면 가정예배를 드리지 않고 있다. 어떻게 해결할 수 있을까?

가정예배를 함께하는 공동체, 교회

그 해답은 교회다. 우리에게는 영적 전쟁을 함께 감당할 교회 공동체가 있다. 부모 홀로 영적 전쟁에 임하면 금방 쓰러진다. 부모도 연약한 죄인일 뿐이다. 반면, 사탄은 간교하고(창 3:1), 거짓의 아비다(요 8:44). 연약한 죄인이 홀로 상대할 수준이 아니다.

교회는 '영적 가족'이 되어 함께 믿음의 다음세대를 키우는 공동체다. 그 중심에 예배가 있다. 사도행전 2장에서 성전과 집에서 예배했듯, 교회와 집에서 예배해야 한다(행 2:41-47). '교회에 모여서 드리는 예배'와 '집으로 흩어져 드리는 예배'를 병행해야 한다. 가정예배를 '흩어진 교회의 공동체적 예배'로 설정하고, 교회 공동체와 함께 자녀와 예배하는 경험을 만들어야 한다.

이를 위해 목회자가 먼저 일어나야 한다. 부모들이 '가정은 교회 공동체의 일부'라고 인식하며 '가정예배 문화'를 만들도록 목양해야 한다. 이것은 목회자의 책임이다. 가정을 믿음으로 세우는 책임은 부모에게만 있는 것이 아니다. 하나님은 목회자를 통해 성도들을 돌보신다. 이 돌봄은 교회 생활에 국한되지 않는다. 목회자는 교회 가족들의 영적 아버지다. 일상을 함께해야 한다. 가정을 목양의 대상으로 삼아야 한다.

부모의 인식 전환도 필요하다. 가정은 교회의 일부다. 초대교회의 하나 됨은 지금도 일어나야 한다. 그것이 우리 삶을 풍성하게 만들기 때문이다. 내 가족만 잘 살 수 없다. 우리는 연결되어 있다. 내 자녀가 아무리 잘 커도 세상이 악해지면 당해 낼 재간이 없다. 내 자녀를 믿음으로 키우는 방법은 우리 모두의 자녀를 믿음으로 키우는 것이다. 부모가 자녀를 제자 삼는 것으로는 부족하다. 부모는 '내 자녀'가 아닌, '다음세대'를 품어야 한다. 자녀 세대의 제자화는 부모 세대가 함께 이뤄 가야 한다.

이런 교회와 가정의 협력(Synergize)이 다음세대를 제자로 세우는 방법이다.[1] 한쪽의 노력만으로는 부족하다. 교회는 일주일에 1~2시간을 보내는 곳일 뿐이다. 삶의 대부분은 가정에서 이루어진다. 그렇기에 교회의 사역만으로는 한계가 있다. 반면, 가정은 자녀를 훈련할 전문성이 부족하다. 부모는 분주한 삶에 지쳐 세상의 유혹과 타협하기 쉽다. 그래서 교회와 가정은 동역자가 되어야 한다. 서로의 연약함을 채우며 함께 자녀세대를 키워야 한다. 이런 동역의 시작과 끝이 가정예배다. 교회와 가정이 함께 예배하는 문화를 만드는 것이 믿음을 물려주는 방법이다.

---

1 교회와 가정의 협력에 대해 더 알기 원한다면 다음 책을 참고하라. 김기억, 『신앙전수 시너자이즈』 (서울: 한국NCD미디어, 2022).

2

설계도 구상하기:
공동체적 사명으로 인식하기

설계도는 원형을 현실로 구현하기 위해 그리는 것이다. 가정
예배 설계도도 마찬가지다. 성경이 말하는 가정예배를 구현하
기 위해서는 현실에 맞는 설계도를 그려야 한다. 이를 위해 교
회는 앞에서 다룬 가정예배 재정의를 기초로 가정예배를 구상
하고 작업해야 한다. 이 작업은 부모의 사명을 분명하게 인식하
고 그것을 이루는 방법을 찾는 과정이다.

특별히 '가정예배는 교회 공동체와 함께해야 한다'는 인식
이 중요하다. 여기에 가정예배의 성패가 달려 있다. 가정예배
는 영적 전쟁이다. 사탄의 공격은 치밀하고 강력하다. 각개전투
로는 전쟁에서 승리할 수 없다. 전쟁에는 총체적 전략과 전술

이 필요하다. 교회는 지휘관이 되어 가정에 전략을 제시해야 하고, 부모들은 지휘관을 믿고 영적 전투에 임해야 한다. 교회와 가정이 '함께 살고 함께 죽는 전우 관계'가 되는 것이다. 가정예배는 공동체적 사명이라는 것이 핵심이다.

부모의 사명: 수직적 복음 전파

사명(Mission)은 모든 것의 시작이다. 사명이 있어야 방향을 잃지 않는다. 마찬가지로 가정예배도 사명 위에 세워져야 한다. 가정예배 자체가 목적이 될 수는 없다. 그리스도인에게는 보다 본질적인 사명이 있다. 무엇일까?

> 예수께서 나아와 말씀하여 이르시되 하늘과 땅의 모든 권세를 내게 주셨으니 그러므로 너희는 가서 모든 민족을 제자로 삼아 아버지와 아들과 성령의 이름으로 세례를 베풀고 내가 너희에게 분부한 모든 것을 가르쳐 지키게 하라 볼지어다 내가 세상 끝날까지 너희와 항상 함께 있으리라 하시니라 _마 28:18-20

모든 그리스도인의 궁극적인 사명은 예수님의 지상 대위임령(The Great Commission)이다. 이 명령은 예수님이 함께하시기 때문에 변하지 않고, 예수님의 재림 때까지 멈추지 않는다. 그리스도인에게 부여하신 하늘과 땅의 권세를 낭비하면 안 된다. "가서 … 제자로 삼아 … 세례를 베풀고 … 가르쳐 지키게 하라"라는 명령은 선택이 아니다. 모든 그리스도인의 의무다.

그렇다면 부모의 사명은 무엇일까? 바로 '자녀를 모든 민족으로 삼는 것'이다. 부모는 수평적 복음 전파를 넘어 수직적 복음 전파의 사명까지 감당해야 한다. 이것은 적극적인 명령이다. 예수님은 제자들에게 모든 민족을 맡기듯 부모에게 자녀를 맡기셨다. 부모는 자녀에게 예수님의 모든 명령을 가르쳐 지키게 할 책임이 있다. 부모의 사명은 자녀에게 복음을 전하는 것이다.

초대교회 성도들은 이 사명을 위해 목숨을 걸었다. 죽음의 위협에도 굴하지 않고 그리스도인의 정체성을 지켰다. 그래서 복음이 확장되었다. 수평적 확장만이 아니었다. 초대교회의 믿음은 세대를 거쳐 전해졌고, 사도들이 세상을 떠난 후에도 교회는 믿음을 이어 왔다. 부모 세대의 믿음을 목격한 결과 거룩한 자녀 세대가 일어났다. 이것은 높은 수준의 신앙 교육 때문이 아니었다. 효과적인 커리큘럼도 없었고, 고도의 지성이나 고강도 훈련도 없었다. 그저 초대교회 성도들이 제자로 살자, 성령 하나님께서 연약한 부모를 통해 일하셨다.

믿음은 사랑에 뿌리를 둔다. 사랑이 없으면 믿음도 없다. 하나님을 사랑하고 이웃을 사랑하는 삶이 믿음이다. 그래서 자녀들은 부모의 사랑을 통해 자연스럽게 믿음을 배운다. 사랑이 자녀를 끌어당긴다. 인간은 본질적으로 사랑을 갈망한다. 부모가 사랑으로 가득하면 믿음은 자연스레 전수된다. 이러한 영적 원리를 믿어야 방법론에 빠지지 않고 본질을 붙들 수 있다.

아이들은 경험을 통해 배운다. 보고 듣고 느낀 모든 것을 흡수한다. 특별히 자신이 사랑하는 존재의 모든 것을 모방한다. 그래서 어려서부터 부모의 신앙을 경험하는 것이 중요하다. 이른 새벽에 기도하러 집을 나서는 발소리, 저녁마다 말씀을 읽는 목소리, 청소하며 흥얼거리는 찬양 소리, 거실을 장식한 성경 액자, 책장에 빼곡한 신앙 서적, 인생의 문제 앞에서 기도하는 부모의 뒷모습, 정성스레 헌금을 준비하는 부모의 손길 등 일상에서 이루어지는 작은 순간들이 중요하다. 이런 일상을 통해 경험하는 복음의 기쁨과 용서, 수용과 헌신, 격려와 기도가 자녀의 신앙을 형성한다.[2] 그래서 부모의 사명은 일상에 믿음을 채우는 것이다.

아무리 각자도생 시대가 되었어도 인간의 내면은 사랑에 목마르다. 끊임없이 사랑을 찾아 헤맨다. 아이들은 더하다. 어린 자녀에게 부모는 우주적인 존재다. 말썽쟁이 사춘기 자녀도 부모의 사랑을 원한다. 오히려 사랑을 갈망하기에 더 아파한다.

---

2   David Ng & Virginia Thomas, *Children in the Worship Community* (Louisville, KY: Westminster John Knox Press, 1981), 68-69.

그래서 하나님은 우리가 온전한 사랑을 누릴 수 있도록 가정을 창조하셨다(창 2:23). 가정예배도 사랑을 위해 존재한다. 사랑이 없으면 모두 무용지물이다(고전 13:1-3). 서로 사랑하는 것이 가정의 문화가 되어야 한다. 사랑하는 분위기가 가정을 이끈다. 이런 관점에서 보면, 신앙 교육의 목표는 자녀를 온전히 사랑하는 것이다. 자녀를 훌륭한 사람으로 양육하는 것에 얽매여 사랑을 잃어버리면 안 된다. 부모는 일상의 사랑으로 복음을 증거하도록 부름받은 존재다. 부모는 사랑을 위해 존재한다.

그렇다면 사랑은 자녀 교육에 어떤 영향을 줄까? 사랑은 관심이다. 사랑하면 각자의 필요가 눈에 들어온다. 그 필요에 맞추게 된다. 여기에 힘이 있다. 극심한 개인주의로 향하는 후기 근대주의 시대(Postmodern-era)에 자녀들이 요구하는 '각자에게 개별화된 신앙 교육'은 사랑을 통해 가능해지기 때문이다.[3] 이제는 산업화 시대에 만들어진 집단적 신앙 교육으로는 부족하다. 세상이 완전히 변했다. AI는 지극히 개별화된 알고리즘을 제공한다. 맞춤화된 정보를 끊임없이, 곧바로 제공한다. 그래서 오늘날 아이들은 배우지 않는다. 대신, 원하는 것을 보고 정보를 습득(Catch)하고 적극적으로 정보를 포착해 필요에 따라 가공한다. 새로운 세상, 뉴노멀(New Normal)은 이미 코로나

---

3   지용근, 김영수, 정재영 외 7명, 『한국 교회 트렌드 2023』 (서울: 규장, 2022), 91.

팬데믹 전부터 시작되었다. 수직적 복음 전파를 위해서는 완전히 새로운 전략이 필요하다.

어떤 전략일까? 교회와 가정이 동역자가 되는 것이다. 교회는 성경을 가르치고(Teaching), 가정은 성경을 내면화(Internalizing)해야 한다. 가정예배가 그 방법이다. 여기서 중요한 것은 부모와 자녀 간의 사랑의 관계다. 서로를 향한 사랑과 신뢰가 없으면, 가정예배는 율법 교육으로 전락한다. 관계의 따뜻함은 강조하고 또 강조해도 지나치지 않다. 가족이 서로 사랑할 때, 가정들이 서로를 사랑하며 섬길 때 복음은 현실이 된다. 자녀 세대는 부모 세대의 복음적 삶을 통해 하나님을 인식하기 때문이다.

사명을 이루는 방법: 공동체와 함께

여기서 주목할 부분이 있다. 지상 대위임령의 대상이 '너희는', '너희에게'라는 복수형 이인칭 대명사라는 점이다. 무슨 말인가? 예수님이 '공동체적 사명'을 주셨다는 것이다. 예수님은 한 사람의 슈퍼스타를 부르지 않으셨다. 대신, 교회를 세우셨다. 교회는 무엇인가? '믿는 자들의 모임'이다. 그래서 지상 대위임령은 각 개인이 감당하라고 주신 사명이 아니다. 애초에 공동체가 함께 힘을 합하여 증거하라고 주신 공동체적 명령이다.

요한복음 13장 35절에서 예수님은 "너희가 서로 사랑하면 이로써 모든 사람이 너희가 내 제자인 줄 알리라"라고 말씀하셨다. 왜 서로 사랑하라고 명령하셨을까? 복음은 공동체의 사랑으로 나타나기 때문이다. 복음은 말이 아니다. 이론이나 철학도 아니다. 복음은 행동이다. 예수 그리스도께서 죄인을 위해 자기 목숨을 버리신 것처럼, 남을 위해 자신을 내어 주는 것이다(엡 5:1-2). 그래서 복음은 하나님과 이웃을 향한 적극적인 사랑으로 증거된다(마 22:37-40). 제자는 사랑 없는 세상에 그리스도의 사랑을 재현하는 사람이다.

여기서 사랑의 특징을 생각해야 한다. 사랑은 '혼자서' 할 수 없다. 사랑은 언제나 대상이 필요하다. 혼자 하는 사랑은 불완전하다. 하나님만이 홀로 완전하신 분이다. 하나님의 사랑만이 완전하다. 하나님은 그 사랑을 부어 줄 대상으로 인간을 창조하셨다. 그리고 서로 사랑할 때 존재의 이유를 찾을 수 있는 대상으로 만드셨다. 그래서 '서로 사랑함으로 한 몸을 이루라'고 명령하신 것이다(창 2:24).

부모 세대는 공동체를 이뤄야 한다. '한 아이를 키우려면 온 마을이 필요하다'는 말이 있다. 세상은 이에 대한 해법을 정치나 교육에서 찾는다.[4] 하지만 진정한 해법은 신앙 공동체에

---

4 Hillary Rodham Clinton, *It Takes a Village: And Other Lessons Children*

있다. 교회와 가정이 사랑으로 하나 될 때 가능하다.[5] 타인을 사랑하라는 명령은 공동체를 통해 현실화될 수 있다.[6] 브라이언 헤인즈(Brian Haynes)는 다음과 같이 주장한다.

우리 문화의 사람들은 공동체보다 개인을 중요시한다. 하지만 하나님은 우리에게 지역 교회를 선물로 주셨다. 신앙 유산을 물려주기 위한 여정에는 insula(고대 로마 시대 사람들이 공동으로 거주하던 공간)가 필요하기 때문이다.[7]

한 아이를 온전한 인간으로 키우기 위해서는 신앙 공동체가 필요하다. 혼자 하는 신앙은 성장에 한계가 있다. 이기적인 신앙은 온전할 수 없다. 신앙은 언제나 이타적인 삶을 요구한다. 그래서 부모는 하나님께서 만나게 하신 동역자들과 함께 자녀

Teach Us (New York, NY: Simon & Schuster, 1996), 32.

5 H. B. London and Neil B. Wiseman, *It Takes a Church within a Village: God's Grand Design for Building Values and Character in Our Children* (Nashville, KY: Thomas Nelson, 1996), 85. 저자는 "Government can never do what the family and the church were planned to do"라고 주장하며 정부가 아닌 교회와 가정이 마을이 되어야 한다는 점을 강조한다.

6 Aubrey Malphurs, *Strategic Disciple Making: A Practical Tool for Successful Ministry* (Grand Rapids, MI: Baker Books, 2009), 44-45.

7 Brian Haynes, *Shift: What it takes to finally reach families today* (Loveland, CO: Group Publishing, 2009), 1797, Kindle.

세대를 제자로 삼아야 한다. 여기에는 공동체적 삶이 필요하다.

가정예배가 그 방법이다. 가정예배는 가족이 공동체가 되어 믿음으로 하나 되는 시간, 가정들이 연합해 서로를 격려하는 시간이다. 단지 율법적인 종교 행위가 아니다. 그래서 가정예배의 핵심은 가족의 하나 됨이다. 서로를 향한 사랑을 나누고, 이기적으로 살아가라는 세속 문화를 거슬러 이타적으로 살아가는 거룩한 문화를 만들어 가야 한다. 이렇게 살아가려는 부모들의 연합이 교회이며, 가정예배를 통해 서로를 격려하며 믿음의 가정을 세워 가는 영적 가족이 교회다.

죄와 싸우는 방법: 모여서도, 흩어져서도 예배

문제는 인간의 죄성이다. 죄는 사랑의 관계를 깨뜨리고(창 3:12-13), 서로의 허물을 들추며 갈등하게 만든다. 율법적 규칙을 세우고 종교 생활을 강요한다. 하나님을 엄격한 규율에 가두며 예배를 수동적으로 만든다. 그러면 하나님에 대한 부정적인 인식이 형성되어 하나님에 대한 오해가 생긴다. 만약 자녀의 마음에 그런 오해가 쌓이면 결국 하나님을 떠나게 된다.

그래서 죄의 진짜 무서움은 당대를 넘어서는 영향력을 행사한다는 것이다. 특별히 죄는 자녀의 신앙을 공격한다. 그 방법은 부모 자녀 간 사랑의 관계를 깨뜨리는 것이다. 사탄은 부모와 자녀 사이에 상처와 오해를 만들어 신앙을 단절시킨다. 지금 한국교회에서 신앙 전수가 어려운 이유가 여기에 있다.

그런데 요즘은 더 무서운 전략을 펼치고 있다. 부모에게 자녀를 향한 어긋난 사랑을 심어서 자녀가 '나의 하나님'을 만나지 못하도록 방해하는 것이다. 방법은 간단하다. 부모가 자녀와 하나님 사이에 끼어들게 만드는 것이다. 부모에게 자녀의 보호막이 되어야 한다는 마음을 심어 자녀를 광야로 인도하시는 하나님의 손을 뿌리치게 만든다. 더 나아가 자녀가 하나님이 아닌 부모에게 요청할 때 훨씬 빠르고 쉽게 원하는 것을 얻게 만든다. 자녀가 하나님을 찾지 않은 채 성장하게 만드는 것이다.

이렇게 성장한 자녀는 어떻게 될까? 자녀는 순수하게 하나님을 바라볼 시기를 놓치게 된다. 그렇게 성장하면 어린아이 같은 믿음을 잃어버린다. 자녀는 부모를 통해서만 하나님을 보게 된다. '부모 때문에' 교회에 가고 '부모 때문에' 성경을 보고 '부모 때문에' 기도하게 된다. 자녀가 스스로 하나님을 찾을 기회를 제거하는 것이다. 그렇게 자녀는 수동적인 신앙을 가지게 되고, 부모가 지도하는 만큼만 신앙생활을 하게 된다. 여기에 인간의 죄성까지 결합하면 신앙은 무기력해진다. 부모 곁을 떠나면 교회에 갈 이유가 사라진다. 자녀에게 '부모의 하나님'은 먼 존재로 남을 뿐이다. 자녀에게도 '내가 만난 하나님'이 필요하다.

부모는 자녀의 보호막이 아니다. 하나님에게는 손자가 없다. 부모와 자녀 모두 하나님 앞에서 동일한 '자녀'임을 기억해야 한다. 부모도 연약하다. 완벽한 부모는 없다. 오히려 '완벽한 부모'가 되려는 욕망은 우상 숭배로 빠지기 쉽다. 부모도 자녀도 초행길을 걸어가고 있을 뿐이다. 갑작스러운 상황에 당황하며 자녀를 키우는 게 당연하다. 나중에 생각해 보면 '내가 왜 그랬을까' 후회되는 상황도 계속 일어난다. 그렇기에 지난 행동으로 자책할 필요는 없다. 하나님은 부모의 연약함도 사용하신다. 이 것이 하나님이 자녀를 키우는 방법이다. 하나님은 상처와 아픔을 통해 그분의 자녀를 정금 같이 연단하신다(욥 23:10). 성경을 보라. 징계가 없으면 자녀가 아니다(히 12:6). 하나님은 한 가지 일을 통해 수백 가지 일을 이루시는 분이다. 부모도 자녀도 그분의 섭리 안에서 그분의 뜻대로 키우신다. 그래서 성경적인 부모의 역할은 보호가 아닌 '동행'이다.

인간은 죄로 가득하다(롬 3:10). 그래서 사랑으로 시작한 결혼도 갈등으로 채운다. 부부는 서로의 마음에 누구보다 큰 상처를 주기 쉽다. 결혼 전에 장점이라고 생각했던 것이 결혼 후에는 갈등 사유가 된다. 이유가 무엇일까? 결혼은 '죄인과 죄인의 만남'이기 때문이다. 죄와 죄가 부딪히니 당연히 갈등한다. 결혼을 사랑으로 채우는 방법은 오직 복음뿐이다. 복음으로 죄를 씻어 버리고 태초에 명령하신 '한 몸'이 되어야 한다(창 2:24).

이 시대는 결혼을 인간과 인간 사이의 법적 계약(Contract)이라고 이야기한다. 그래서 상호 합의 하에 결혼을 해지한다. 그러나 성경이 말하는 결혼은 언약(Covenant)이다. 배우자의 연약함을 끌어안고 죽기까지 사랑하겠다고 '하나님 앞에서' 맺은 언약이다(엡 5:22-28). 그래서 예수님은 "하나님이 짝지어 주신 것을 사람이 나누지 못할지니라"(마 19:6)라고 말씀하셨다. 하나님이 허락하신 배우자를 죽기까지 사랑하는 것이 복음적 부부관계다.

출산과 육아도 인간을 죄인으로 바라보는 데서 출발해야 한다. 출산은 죄인이 죄인을 낳는 것이고, 육아는 죄인이 죄인을 키우는 것이다. 그렇다면 당연히 서로의 죄성이 부딪혀 힘들 수밖에 없다. 결국 부모는 천사 같은 죄인을 끌어안고 하나님 아버지의 마음을 배워 가야 한다. 하나님께서 부여하신 육아의 1차 목표는 '부모가 복음을 경험하는 것'이다.

가정예배의 필요성은 여기서도 나타난다. 예배를 통해 가정을 복음으로 채워야 사랑할 수 있다. 그리스도 안에서 하나 되는 경험을 해 본 사람은 알 것이다. 가족이 함께 찬양하면 새로운 기쁨이 있다. 가족이 함께 말씀을 읽으면 공예배에서 느낄 수 없는 감격이 있다. 사랑하는 가족의 손을 잡고 함께 기도하면 감사의 눈물이 나온다. 세상 어디서도 느낄 수 없는 은혜가 '가정예배'에 있다.

이 은혜는 신비하다. 성령 안에서 함께 예배할 때 서로를 사랑할 힘이 생긴다. 그리스도는 막힌 담을 허시는 '우리의 화평'이시기 때문이다(엡 2:14-18). 하나님이 예배자의 마음을 만져 주실 때 오해가 이해로 바뀐다. 서운함이 사랑으로 변하여 불평이 사라지고 섬김이 일어난다. 이것은 인위적인 인간의 노력과는 비교할 수 없는 강력한 능력이다. 그래서 인간의 노력 이전에 예배를 세워야 한다. 성령께서 일하시면 가정은 천국이 된다. 믿음의 가정은 예배로 세워진다.

예배가 핵심이다. 인간에게는 죄를 대항할 능력이 없다. 오직 예배를 통해 성령의 하나 되게 하심을 구할 뿐이다. 교회에서도, 가정에서도 예배에 집중해야 한다. 모여서도 예배하고 흩어져서도 예배해야 한다. 수직적 복음 전파는 함께 예배할 때 이루어진다. 부모의 사명은 삶의 모든 공간을 예배로 채우는 것이다. 예배에 집중하면 하나님께서 일하신다.

3

설계 도구 준비하기:
사명을 이룰 도구 준비하기

이제는 설계도를 그려야 한다. 그전에 적절한 도구를 준비해야 한다. 도구가 잘못되면 아무리 좋은 구상이라도 표현할 수 없다. 여기에는 두 가지 도구가 필요하다. '문화에 대한 이해'와 문화를 만드는 방법인 '깨달음의 순간'(Aha Moment)이다.

거룩한 문화 만들기(Culture making for holiness)

인간은 지극히 문화적이다. 인간 사회의 모든 곳에는 독특한 문화가 있다. 인간은 존재를 표현하는 수단으로 문화를 사용하며, 이를 끊임없이 생산한다.[8] 신앙도 문화로 표현된다. 교회마다, 교단마다 독특한 문화가 있다. 마찬가지로 가정에도 각각 다른 삶의 방식, 문화가 있다. 우리가 인식하지 못하는 사이에 문화는 매우 자연스럽게 형성되고 사라진다.

그런데 자연스럽게 형성되지 않는 문화도 있다. 죄인의 본성을 거스르는 거룩한 문화다. 성경 읽기나 기도 습관, 예배 문화는 쉽게 형성되지 않는다. 그래서 우리는 충분한 시간과 노력을 기울여 거룩한 문화를 만들어야 한다. 의도적으로 반복 훈련해야 한다. 특히 가정예배 문화는 오랜 기간 훈련이 필요하다.

여기서 '훈련'이라는 단어를 오해하면 안 된다. 의지적으로 견뎌 내는 훈련(Training)이나 잘못을 교정하는 훈육(Discipline)이 아니다. 가정예배에서 추구해야 하는 훈련은 '반복을 통해 가족의 심령에 말씀을 새기는 것'(Inculcate)이 되어야 한다. 신명기 6장 7절, 쉐마를 보라.

네 자녀에게 부지런히 가르치며 집에 앉았을 때에든지 길을 갈 때에든지 누워 있을 때에든지 일어날 때에든지 이 말씀을 강론할 것이며
_신 6:7

---

8 Andy Crouch, *Culture Making: Recovering Our Creative Calling* (Downers Grove, IL: Inter Varsity Press, 2008), 25-26.

이 구절에서 강조되는 것은 '반복'이다. 방법보다 반복이 중요하다. 신앙은 지식이 아니기 때문이다. 신앙은 머리가 아닌 마음에 새겨져야 한다. 손과 발이 믿음을 따라 움직여야 한다. 삶에서 이루어지는 지속적인 반복을 통해 신앙의 내면화(Internalization)가 이루어져야 한다. 신앙은 교육이 아닌 '경험'으로 형성되기 때문이다.

여기서 "부지런히 가르치며"라는 말은 히브리어로 '샤난'(שׁנן)이다. 영어로는 'Inculcate', 'Drill', 'Impress', 'Sharpen', 'Repeat ⋯ again and again' 정도로 번역된다. 한글로 풀어서 설명하면 '반복을 통해 날카롭게 만든다' 정도가 된다. 여기서 강조점은 '반복'에 있다. 딱딱한 돌판에 글자를 새기기 위해 반복해서 망치질을 하듯, 드릴로 바닥에 구멍을 뚫듯, 말씀을 마음에 새기기 위한 반복이 있어야 한다. 이것을 '부지런히 가르치라'고 표현했다. 이유가 무엇인가? 일회적인 가르침은 금세 사라지기 때문이다. 죄로 망가진 돌짝 같은 마음판에 말씀을 새기기 위해서는 '반복'해야 한다.

이런 의미에서 부모는 영적 '전각장'(篆刻匠)[9]이 되어야 한다. 일상에서 자녀의 마음판에 부지런히 말씀을 새겨 넣는 것이다. 이것은 하루아침에 완성되지 않는다. 한 글자 한 글자 정성스

---

9 나무, 돌, 금속 등에 글자를 새기는 직업을 가진 장인을 일컫는 말이다.

레 새기는 시간과 노력이 필요하다. 그래서 본문은 '집에 앉았을 때'와 '길을 갈 때', '누워 있을 때'와 '일어날 때'를 통해 '모든 장소, 모든 순간'을 강조한다. 부모는 언제 어디서나 의도적으로 자녀에게 하나님의 말씀을 '강론'(גבר, 다바르)해야 한다.

여기서 '강론'은 '말하다'(To speak, To express)라는 의미를 가진다. 대화나 토론보다는 '부모가 자녀에게 일방적으로 말하다'라는 의미가 강하다. 물론 강론을 대화로 이해할 수도 있지만, 여기서 말하는 강론의 목적은 대화가 아니라 '자녀가 하나님에 대해 인식하도록 일깨우는 말을 하는 것'이다. 자녀가 무심코 지나갈 수 있는 영적 순간을 포착하도록 부모가 도와야 한다.

구체적으로 어떤 말일까? 부모가 자녀에게 '하나님을 주어로' 이야기하는 것, 일상의 작은 대화들이다.

"그래? 하나님이 너에게 놀라운 일을 행하셨구나!"
"예수님은 서로 사랑하라고 하셨어. 조금 전에 그 말씀에 순종했구나! 잘했어!"
"그건 우연이 아니야. 성령님이 우리 가족을 지켜 주셨기 때문이야."
"괜찮아. 하나님은 너를 사랑하셔. 다시 해 보자. 새 힘을 주실 거야."

이런 일상의 대화가 조금씩 쌓여서 가정의 문화가 된다. 그렇게 쌓인 대화가 가정예배를 풍성하게 만들고, 삶의 작은 순간마다 하나님의 은혜를 발견하고 나누는 데 익숙해지도록 돕는다. 처음에는 부모의 고백으로 시작하지만, 나중에는 자녀가 스스로 은혜를 발견하게 된다. 반복된 믿음의 말이 가정을 믿음으로 세우는 것이다. 이것이 가정예배가 추구해야 하는 '훈련'(Inculcate)이다. 이 훈련은 하나님께서 친히 이루신다. 하나님께서 깨달음의 순간을 만드시기 때문이다.

하나님께서 이루시는 영적 깨달음: Aha Moment

우리는 의도적인 교육에 익숙하다. 상황을 미리 조성하고 예상 질문을 준비한다. 효과적인 교육 콘텐츠를 만들며 교육의 질을 높이려 애쓴다. 가정예배도 체계적으로 준비하기를 원한다. 순서지를 만들고 예상 질문과 답변을 준비한다. 콘텐츠가 잘 짜인 은혜로운 가정예배를 기대한다.

그런데 가정예배는 완벽하게 준비할 수 없다. 자녀는 예측이 불가능하기 때문이다. 갑작스러운 행동으로 분위기를 망칠 때도 있지만, 평소와는 달리 적극적으로 참여할 때도 있다. 때로는 한 번도 생각해 본 적 없는 질문을 던져 부모를 난감하게 할 때도 있고, 예상치 못한 폭탄 선언으로 모두를 당황하게 만들 때도 있다. 왜 이런 일이 일어날까?

하나님께서 부모와 자녀를 직접 훈련하시기 때문이다. 가정예배에서 일어나는 예상치 못한 순간은 불의의 사고가 아니다. 반대로 생각해야 한다. 하나님은 가정예배를 주도하시고, 한 순간도 놓치지 않으신다. 그래서 가정예배에서 일어나는 순간적인 사건은 하나님께서 일으키시는 '깨달음의 순간'(Aha Moment)이다. 영적으로 민감하게 반응하면 모든 상황에 온유함으로 반응할 수 있다. '깨달음의 순간'은 가정예배를 세우는 데 매우 중요한 개념이다.

인생을 바꾸는 깨달음은 의도하지 않은 순간에 일어난다. 어느 날 문득, '아, 그렇구나' 하는 순간이 있다. 아르키메데스가 '유레카'(Eureka)를 외친 것처럼, 우리 삶에는 의도하지 않은 깨달음의 순간이 찾아온다. 특별히 그리스도인에게 이 순간은 '성령의 감동이 임하는 순간'이다. 진리를 깨닫고 하나님께 무릎 꿇게 되는 순간이 있다. 하나님은 각 사람을 구원하시는 특별한 계획, 카이로스(하나님의 시간)를 이루신다.

부모가 성경 지식을 잘 전달한다고, 주일학교에서 성경 내용을 잘 가르쳐 준다고 해서 자녀가 하나님을 바로바로 인식하는 게 아니다. 진정한 깨달음은 시간을 요구한다. 하나님에 대한 지식과 영적 경험이 축적되어 임계점(Critical point)까지 차야 한다. 결정적인 순간에 임계점을 넘으면 그 순간, '아, 하나님이 계시구나!'라고 느끼게 된다. 이것은 하나님이 주도하시는 신비로운 깨달음이다.

그때가 언제일지는 아무도 모른다. 하나님이 원하시는 순간이 되면 깨달을 뿐이다. 우리의 계획이나 노력으로 되는 게 아니다. 구원의 주도권은 오직 하나님께 있다. 따라서 자녀의 구원을 위해 부모가 감당해야 하는 역할은 '자녀와 일상을 함께하며 부지런히 가르치는 것'이다(신 6:7-9). 브라이언 헤인스 (Brian Haynes)는 이렇게 이야기한다.

자녀와 '함께 걸어간다'는 말의 핵심은 자녀의 인생 여정에 동행하는 것입니다. 운전을 하든, 비행기를 타든, 걷든지 상관없이 당신은 자녀에게 믿음을 보여 주며 성경의 진리를 가르칠 다양한 기회를 만날 것입니다. 문제는 '하나님의 순간'(God Moment)을 어떻게 포착하느냐입니다. '하나님의 순간'은 '자녀의 마음에 진리를 전하도록 하나님께서 일상 속에 디자인하신 짧은 순간'이기 때문입니다. 이러한 순간은 의도적으로 만들 수 없습니다. 부모는 자녀를 영적으로 이끌도록 부여하신 짧은 순간을 포착해야 합니다.[10]

---

10 Brian Haynes, *Legacy Path: Discover Intentional Spiritual Parenting* (Nashville, KY: Randall House Publications, 2011), 1054, Kindle. 저자 강조. 원문은 다음과 같다. "The point of as you are 'walking by the way' is as you are traveling through life together. Along the way, whether you are driving, flying, or walking, you will encounter countless opportunities to demonstrate Christian faith and to speak biblical truth into your child's life. It is a matter of learning how to capture 'God moments.' A God

여기서 '하나님의 순간'(God Moment)은 '깨달음의 순간'(Aha Moment)과 동의어다. '자녀의 마음에 진리를 전하도록 하나님께서 부여하신 일상의 순간'이 있다는 것이다. 신앙은 일상의 작은 순간들이 축적되어 전해지기 때문이다.

맷 챈들러(Matt Chandler)는 이것을 '순간들'(Moments)이라고 부른다. 신앙을 전수하는 '순간들'이 있다는 것이다. 그러면서 '복음에 관한 이야기를 나누기 위해 일상에 주신 기회는 지렛대와 같다'고 비유한다.[11] 지렛대가 무엇인가? 작은 힘으로 큰 것을 들어 올리는 것이다. 즉, 일상의 작은 순간들을 통해 엄청난 복음을 전해 줄 수 있다는 말이다. 실제로 일상에서 아이가 던진 작은 질문을 하나님께 연결하는 '순간들'이 쌓이다 보면 결국 그것은 '신앙'이 된다.

---

moment is just that: a moment ordained by God designed for parents to speak truth to their children in the midst of normal life situations. These moments are not manufactured but instead captured as they emerge for the purpose of leading our children spiritually."

11 Matt Chandler and Adam Griffin, *Family Discipleship: Leading Your Home Through Time, Moments, and Milestones* (Wheaton, IL: Crossway Books, 2020), 129.

일상의 순간에 이루어지는 신앙 전수

깨달음의 순간(Aha Moment)이 강조하는 것은 '일상'이다. 부모는 자녀와 일상을 동행하는 존재가 되어야 한다. 언제나 손 내밀면 잡을 수 있는 존재, 위험할 때 꼭 안길 수 있는 존재가 바로 부모이기 때문이다. 오직 부모만이 무조건적인 사랑을 부어 줄 수 있다. 세상의 누구도 대신해 줄 수 없다. 부모는 자녀와 동행하며 믿음의 삶을 보여 주도록 부름받은 존재이기 때문이다.

신앙은 삶으로 전해진다. 그러나 부모가 자녀에게 직접적으로 신앙을 전해 줄 수는 없다. 믿음은 부모가 아니라 오직 성령 하나님이 주시는 것이기 때문이다. 교육 시스템으로는 믿음을 만들어 낼 수 없다. 부모가 할 수 있는 것은 자연스럽게 자신의 삶을 노출하며 복음적 환경을 조성해 주는 것뿐이다. 부모의 노력으로 신앙이 전해지는 게 아니다. 부모가 할 수 있는 역할은 그저 '언제나 자녀의 옆에서 기다려 주며 필요에 반응하는 것'이다. 그래서 사도 바울은 고린도전서 3장 6-7절에서 성령의 역할을 강조한다.

나는 심었고 아볼로는 물을 주었으되 오직 하나님께서 자라나게 하셨나니 그런즉 심는 이나 물 주는 이는 아무 것도 아니로되 오직 자

라게 하시는 이는 하나님뿐이니라 _고전 3:6-7

부모의 역할이 필요 없다는 말이 아니다. 여기서 강조하는 것은 '하나님의 주권'이다. 부모는 자녀에게 부지런히 교훈과 훈계를 하지만, 믿음을 자라게 하는 것은 부모의 역할이 아니라는 말이다. 부모는 이 부분을 항상 명심해야 한다. 그래야 과도한 욕심을 버릴 수 있다. 믿음을 자라게 하시는 분은 오직 하나님 한 분밖에 없다. 하나님은 부모가 의도하지 않은 어떤 순간에 하나님을 깨닫는 순간을 만드신다.

그래서 깨달음의 순간은 '하나님께서 부여하신 순간'이다. 부모가 만드는 시간이 아닌, 하나님께서 주신 영적 깨달음의 기회다. 여기에 놀라운 섭리가 있다. 하나님은 자녀와 함께하는 일상에 특별한 순간을 허락하신다. 어떤 예가 있을까? 아이가 "엄마 아빠, 하늘은 왜 파란색이야?"라고 물어볼 때는 하나님의 창조를 설명할 기회다. 기운이 빠진 아빠에게 "아빠, 안 좋은 일 있어?"라고 물어볼 때는 고난 중에도 감사하는 믿음을 보여 줄 기회다. 자녀가 실수한 뒤 "죄송해요, 잘못했어요"라고 이야기할 때는 꼭 끌어안고 용서해 줄 기회다. 이 모든 것이 하나님께서 우리 일상에 디자인하신 신앙 전수의 기회들이다. 작은 순간에도 하나님의 섭리가 가득하다.

이런 특별한 순간에는 두 가지 유형의 대화가 있다. '하나님의 성품에 대한 대화'와 '믿음의 삶이 무엇인지에 대한 대화'다. 첫 번째는 하나님이 누구신지, 하나님 그분 자체를 이야기해 주는 것이다. 두 번째는 믿는 자들이 어떻게 살아야 하는지 이야기해 주는 것이다. 일상을 동행하다 만나는 모든 순간을 '하나님을 주어로 대화하는 기회'로 활용하는 것이다.

하나님의 성품에 대한 Aha Moment

자녀의 질문을 대하는 첫 번째 방법은 '하나님의 성품에 대해 이야기하는 것'이다. 여기에는 네 가지 범주가 있다.

1. 하나님은 누구신가
2. 하나님은 무엇을 행하셨는가
3. 하나님의 뜻은 무엇인가
4. 하나님은 무엇을 기뻐하시는가

자녀의 순간적인 질문을 듣고 바로 생각해야 하는 단어는 '하나님'이다. 그러면 대답의 방향이 만들어진다. 바로 하나님이 누구신지 이야기하는 것이다. 하나님은 그 순간을 통해 스스로를 나타내기 원하신다.

여기서 중요한 것은 '정답을 말해 줘야 한다는 압박에서 벗어나는 것'이다. 아이들은 정답을 원해서 물어보는 게 아니기 때문이다. 아이들이 원하는 것은 부모의 반응이다. 아이의 질문에 반응하는 부모의 모습이 정답보다 중요하다. 잘 모르겠다고 이야기해도 된다. 부모는 모든 것을 아는 존재가 아니라 아이의 이야기를 들어주는 존재다.

이런 대화를 접할 수 있는 가장 흔한 경우는 '자연에 대한 질문'이다. 나무는 왜 초록색인지 물어보는 경우를 예로 들 수 있다. 이런 질문을 받으면 어떤 부모는 과학적 원리를 설명한다. 혹은 모른다고 넘어가거나 역으로 질문하는 경우도 있다. 둘 다 가능한 방법이지만, 먼저 하나님의 의도를 생각해 봐야 한다. "하나님이 나무를 초록색으로 만드셨기 때문이란다"라고 이야기하며 하나님의 창조를 설명할 기회로 활용하면 된다.

책이나 영상을 보다가 호랑이는 왜 줄무늬가 있는지 물어볼 수도 있다. 이때도 창조주 하나님의 예술성을 알려 줄 기회로 바라봐야 한다. 자녀와 함께 책을 보면서 다른 동물의 특징을 함께 살펴보는 것도 좋다. "하나님이 코뿔소를 이렇게 멋지게 만드셨단다"라고 이야기하며 하나님의 창조를 가르쳐 줘야 한다.

자녀가 관계나 안전에 대한 질문을 하는 경우도 있다. 아이들은 본질적으로 내면에 불안감을 가지고 있기 때문이다. 나쁜 일이 생길까 봐, 사고가 나서 죽을까 봐 무서워하는 아이들도 있다. 그럴 때 단순히 무서워하지 말라고 말하는 것보다는 우리를 보호하시는 하나님에 대해 설명하면 된다. "우리에게 그렇게 끔찍한 일이 일어나지 않도록 하나님이 우리를 보호하고 계신단다." "괜찮아. 엄마(아빠)가 너를 위해 기도하고 있어." 이런 짧은 대화를 통해 자녀에게 하나님을 알려 줄 수 있다.

여기서 한 가지 주의할 점이 있다. 설명은 짧게, 공감은 길게 하는 것이다. 자녀는 그냥 궁금해서 하늘이 왜 파란색인지 물어봤는데 그런 자녀를 앉혀 놓고 30분간 창조론을 설명하면 안 된다. 간단하게 한두 문장 정도만 말해 줘도 충분하다. 자녀를 설득하려고 계속 밀어붙일 필요도 없다. 대화의 목적은 설득이 아닌 공감이기 때문이다.

자녀에게 무언가 가르치기 위해 질문할 필요도 없다. 물론 질문은 유익하다. 그러나 질문의 시작은 언제나 '학습자'여야 한다. 가르치기 위한 질문, 의도가 보이는 질문은 관계의 벽을 만들 뿐이다. '답정너'('답은 정해져 있고 너는 대답만 하면 돼'라는 뜻의 줄임말)는 답이 없다. 만약 아이가 물어보지 않는다면 그냥 기다려야 한다. 억지로 질문을 만들면 율법적인 문화를 만들기 쉽다. 질문은 대답을 요구하기 때문이다. 그러다 보면 대화가 아니라 점검의 시간이 되기 쉽다. 관계의 장벽이 높아지면 대화는 불가능하다. 대화는 상대방에 대한 관심, 즉 듣는 것에서 시작해야 한다.

믿음의 삶이 무엇인지에 대한 Aha Moment

자녀의 질문을 대하는 두 번째 방법은 '믿음의 삶이 무엇인지 알려 주는 것'이다. 여기에도 네 가지 유형의 대화가 존재한다.

1. 나는 누구인가
2. 하나님은 나를 누구로 부르셨는가
3. 하나님이 주신 사명은 무엇인가
4. 예수님을 닮아 가는 방법은 무엇인가

이런 대화들은 '부모의 삶'을 배경으로 한다. 부모가 만난 하나님을 자녀에게 알려 주도록 의도된 순간이 있다. 여기에는 아무것도 숨길 필요 없는 부모와 자녀의 특별한 관계가 전제된다. 부모는 자신의 삶을 통해 하나님을 증거하도록 부름받은 존재다.

그래서 '부모의 간증'이 중요하다. 부모는 스스로의 정체성을 고백하며 사명을 위해 어떻게 살고 있는지 이야기해 줘야 한다. 그러면 자녀는 믿음의 삶을 간접적으로 경험할 수 있다. 부모의 모습을 보면서 세상에 나갈 준비를 하는 것이다. 이런 부모의 간증은 성경공부보다 훨씬 강력한 영적 경험이 된다. 부모가 직접 체험한 살아 있는 이야기는 결국 자녀의 신앙이 된다.

특별히 가정예배 시간에 나누는 '감사 고백'은 매우 강력한 무기다. 하루 동안 발견한 감사를 가정예배 시간에 나누면 된다. 만약 어려운 상황이 있었고 마음을 지키기 힘들었다면 더욱 나눠야 한다. 짧은 간증도 좋다. 가끔은 부모의 연약한 모습을 보여 줘도 괜찮다. 아이들은 남의 이야기가 아닌, '우리 엄마, 우리 아빠의 이야기'에 몰입한다. 부모의 솔직한 이야기는 자녀에게 값진 간접 경험이 된다. 부모의 실패를 간접 경험한 자녀는 삶에 대해 생각하게 된다.

일상에서 이런 순간은 자주 일어난다. 가정예배 시간이 아니더라도 "엄마, 무슨 일 있어?"라고 묻는 아이에게 하나님을 이야기해 줄 수 있다. 예배드리고 돌아오는 차 안에서 말씀의 은혜를 간증할 수도 있다. 아이와 대화가 어려우면 부부의 대화도 좋다. 아이들은 다 듣고 있다. 성령님은 들은 것을 심령에 새겨 주신다. 가정예배는 일상에서 이루어지는 삶의 공감이다.

4

기본 설계도 그리기:
가정예배를 문화로 만들기

설계도 구상을 마쳤다면 종이에 옮겨야 한다. 시작은 기본 설계도를 그리는 것이다. 이 단계에서는 전체 설계의 크기와 모양, 배치를 설정한다. 이후 평면도를 시작으로 구체적인 설계를 진행한다. 이 단계에서는 항상 최종 결과물을 염두에 둬야 한다. 기본 설계도를 바탕으로 실제 시공을 위한 실시 설계도를 그려야 하기 때문이다.

가정예배의 기본 설계도는 '가정예배를 문화로 만드는 원칙을 이해하는 것'이다. 그러려면 먼저 문화가 무엇인지 알아야 하고, 가정예배를 문화로 만드는 훈련을 해야 한다. 가정예배는 종교 행위가 아닌, 삶의 방식이다. 가정예배는 억지로 할 수 없다. 효과적인 전략을 세우고 오랜 시간 지속해야 한다. 여기에는 긴 안목을 가진 전략이 필요하다.

문화 만들기의 핵심: 즐거운 경험

신앙을 전수하는 데 '경험'은 매우 중요하다. 경험한 것만 남는다. 그렇기에 신앙 전수를 위해서는 하나님과의 '즐거운 영적 경험'이 필요하다. 부모는 그 경험의 중개자다. 부모는 자녀의 인생에 동행하며 '하나님과의 즐거운 경험'을 만드는 존재다.

여기서 핵심은 '즐거움'이다. 즐거운 추억이 마음에 남고, 그 추억이 문화가 된다. 즐겁지 않다면, 반복할 가치를 느끼지 못한다. 그러면 문화는 형성되지 않는다. 그래서 율법적인 규칙이나 의도를 가진 이벤트는 문화가 되지 않는다. 문화는 자발적인 역동성으로 만들어진다. 교회와 가정에 즐거움을 채우는 작업이 필요하다.

특별히 신앙 전수에서 '즐거운 영적 경험'은 매우 중요하다. 인생의 풍파를 만났을 때, 교회와 가정에서 누렸던 즐거운 영적 경험이 믿음을 붙들도록 인도한다. 머리가 아닌 가슴이 즐거운 경험을 남겨야 한다. 가족이 함께 교회에서 즐거운 시간을 보내는 것이 필요하다. 가정에서 함께 예배하며 경험하는 따뜻함을 만드는 것도 중요하다. 신앙을 전해 주는 부모는 교회와 가정에 즐거운 영적 경험을 채우는 부모다.

그렇다면 어떻게 즐거운 영적 경험을 만들 수 있을까? 선물이나 이벤트로 만드는 기쁨은 단편적이다. 자녀는 이벤트형 부모를 원하는 게 아니다. 놀이공원에 가거나 선물을 주는 것으로 의무감을 대체하면 안 된다. 물론, 자녀를 위한 선물과 이벤트도 때론 필요하다. 그러나 그런 기쁨은 금세 사라진다. 보다 본질적인 기쁨을 추구해야 한다. 본질적인 기쁨은 무엇일까?

핵심은 '부모의 기쁨'이다. 자녀는 언제 기쁨을 느끼는가? 부모가 기쁠 때다. 예배를 마치고 나오는 부모가 즐거우면 자녀도 즐거워진다. 부모가 찬양의 기쁨, 기도의 감격을 누리면 자녀도 그 감정을 공유한다. 이것은 직관적으로 이루어진다. 말로 설명할 수 없다. 기쁨은 주변으로 전이된다.

부모가 예배의 기쁨을 누리는 것이 중요하다. 가족이 꼭 같은 시간에 같은 예배를 드려야 하는 것은 아니다. 그저 예배드리고 나오는 부모의 모습에 기쁨이 넘치면 된다. 부모가 예배 후 교회 마당에서 밝은 미소로 포용해 준다면, 그 품에 안겨 따뜻함을 느낄 수 있다면, 집에 돌아오는 차 안에서 부모가 은혜를 나눈다면 자녀는 '교회에 가면 엄마 아빠가 행복해한다'고 느끼게 된다.

여기에 신앙 전수의 통로가 있다. 부모가 하나님에 대해, 신앙에 대해, 교회에 대해 긍정적인 경험을 만들어 주는 것이다.

그러면 자녀는 기쁨의 근원이신 하나님을 향하게 된다. 기쁨으로 하나님을 섬기는 부모의 모습을 자녀의 마음에 심어 주는 것이 부모의 사명이다. 탕자가 모든 것을 잃은 뒤, 자신을 사랑했던 아버지를 떠올리고 스스로 돌이켰듯, 자녀의 마음에 긍정적인 부모의 모습을 새기는 것이 중요하다. 신앙은 부모로부터 자연스레 흘러 자녀에게 전해진다.

가정예배 문화의 시작은 부모의 예배

가정예배를 시작할 때 자녀에게 집중하는 경우가 많다. 자녀의 편의에 따라 가정예배 시간을 정하고, 좋은 말로 자녀에게 권면하지만 자녀는 마음대로 움직여 주지 않는다. 한자리에 모여 있어도 집중하지 못한다. 불만 가득한 얼굴, 무기력한 태도를 보는 것도 힘들지만, 너무 활동적이어도 힘들다. 장난치는 아이를 상대하다 보면 어느새 잔소리가 시작되고 강압적인 분위기가 만들어진다. 그러면 가정예배는 안 좋은 경험이 되어 지속하기 어려워진다.

이런 상황은 빈번하다. 어떻게 해야 할까? 가정예배는 부모의 예배로 시작해야 한다. 가정예배의 주체는 자녀가 아니라 부모다. 자녀를 예배드리게 하려 하지 말고 부모가 예배하면 된다. 자녀는 부모의 예배를 보며 예배를 배운다. 부모의 찬양이 자녀의 찬양이 된다. 부모의 기도 소리가 자녀의 기도 소리가 된다. 부모는 자녀의 모델이다. 부모가 일정한 시간, 일정한 장소에서 지속적으로 예배하면 자녀도 어느새 그 모습을 따르게 된다.

먼저 세워야 할 것은 부모의 예배다. 부부가 함께할 수 없다면 아빠 혼자, 엄마 혼자서라도 예배를 시작하면 된다. 혼자 찬양을 부르는 게 어색하다면, 찬양을 틀어 놓아도 된다. 말씀을 소리 내어 읽어도 좋고 오디오 성경을 듣는 것도 좋다. 어떤 방법이든지 가장 익숙하고 은혜가 되는 방법을 선택하면 된다. 대신, 기도는 소리 내서 하는 게 유익하다. 간절한 기도는 가족의 마음에 전해진다. 부모 자신의 예배가 세워질 때, 하나님께서 가족들의 마음을 만지신다. 성령께서 가족들의 마음을 예배로 이끄신다. 강요하지 않아도 어느새 함께 예배하는 가정이 된다. 가정예배가 만드는 신비한 은혜다.

여기서 중요한 것은 '지킬 수 있는 현실적인 시간과 장소를 정하는 것'이다. 매일 예배드릴 수 있다면 가장 좋다. 하지만 일주일에 한 번만 가능하다면 그 시간을 정하면 된다. 가정예배의 횟수보다 중요한 것은 약속을 지키는 것이다. 아무리 큰 계획을 세워도 실천이 안 되면 아무 소용없다. 그래서 욕심내면 안 된다. 실현 가능한 시간을 정하는 것이 중요하다.

우리 가정은 매일 저녁 9시, 잠자기 전 침대에서 가정예배를 드립니다.

우리 가정은 매일 아침 7시, 아침식사 전에 가정예배를 드립니다.

우리 가정은 매주 토요일 저녁, 거실에서 가정예배를 드립니다.

우리 가정은 매월 첫 주 주일 저녁 6시에 가족이 모두 모여서 가정예배를 드립니다.

모두 좋다. 중요한 것은 '가정예배를 드린다는 사실'이다. 시간과 장소는 계속 바뀌는 게 당연하다. 매주 예배드리던 가정이 매일 예배드리는 가정으로 바뀔 수 있다. 매일 예배드리던 가정이 여러 상황으로 인해 매월 예배드리는 가정이 될 수도 있다. 중요한 것은 '그럼에도 가정예배를 드린다'는 마음이다. 혼자서라도 정해진 시간과 장소를 지켜 내야 한다. 예배하는 가정으로 살아가도록 하나님과의 약속을 지켜 내야 한다.

복음으로 용납하는 문화 만들기

여기서 한 가지 중요한 점이 있다. '기준' 때문에 서로를 정죄하면 안 된다는 것이다. 분명한 기준을 제시하는 것은 좋지만, 기준은 복음적 가정예배를 위한 것이다. 기준이 서로를 정죄하게 한다면 기준이 없는 게 낫다. 가정예배를 못 드리는 것보다 서로를 정죄하는 것이 더 나쁘다. 기준은 언제나 '사랑의 용납'과 함께해야 한다.

가정예배에 참여하지 못한다고 정죄하면 가정예배는 지속될 수 없다. 예배는 자원하는 심령으로 드리는 것이다. 참여를 강요하거나 불참자를 정죄하면 역효과가 발생할 수 있다. 부모는 그저 예배에 집중하면 된다. 진정한 예배는 강요로 드려지지 않는다. 억지로 앉아 있게 하는 것보다 그냥 놔두고 부모가 예배에 집중하는 것이 훨씬 좋다. 자녀가 방 안에서 부모의 예배 소리를 듣는 것만으로도 충분하다. 언젠가 하나님께 항복할 때가 분명 온다.

가족은 평생을 함께한다. 하루 이틀의 관계로 끝나지 않는다. 그러니 여유를 가져야 한다. 지금 당장 가정예배에 참여하지 않아도 자녀는 망하지 않는다. 조금 더 시간을 가지고 사랑으로 품어도 된다. 하나님께서 허락하시는 때가 분명 있다. 부모는 그때까지 인내하며 예배해야 한다. 조급함이 모든 것을 망친다. 멀리 볼 줄 알아야 한다.

성경은 가정예배의 기준을 말하지 않는다. 각 가정의 상황에 맞추면 된다. 더 정확하게는 부모의 상황에 맞추면 된다. 가정예배의 주체는 '부모'이기 때문이다. 자녀의 상황에 따라 가정예배가 변동되면 지속할 수 없다. 자녀는 부모의 예배에 동참하는 것뿐이다. 부모가 시간을 정하고, 부모가 먼저 집을 예배로 채워야 한다.

그럼에도 가족이 모두 가정예배에 참여하면 좋겠다는 바람은 있을 것이다. 어떻게 하면 좋을까? 가정예배가 즐겁고 은혜로우면 된다. 성령께서 임하시면 자녀의 영혼은 끌려온다. 예배에는 힘이 있다. 여기에 한 가지 더한다면 긍정적인 유인책을 사용하는 것이다. 간식은 좋은 미끼다. 치킨, 떡볶이 등 자녀가 좋아하는 간식을 차려 놓고 가정예배를 마친 후 먹어 보라. 가정예배에 참여하지 않으면 손해 보는 시간으로 만드는 것이다. 부정적인 상황을 교정하는 것보다 긍정적인 상황에 동참시키는 것이 훨씬 효과적이다.

가정예배를 긍정적인 영적 경험으로 만들어야 한다. 참여할 가치가 있어야 문화로 발전하기 때문이다. 생각해 보라. 만약 가정예배가 지루하고, 율법적인 규정에 갇혀 있다면 지속이 불가능하다. 부모도 자녀도 서로 부담되면 어느새 그만하기로 암묵적 합의에 이르게 된다. 반대가 되어야 한다. 가정예배는 즐겁고 자유로워야 한다. 기본적인 분위기는 따뜻해야 한다. 그러면 찬양 시간에도 불쑥 은혜를 나눌 수 있다. 성경을 읽다가 갑자기 질문할 수도 있다. 감사를 나누다가 고민을 털어놓을 수도 있다. 자유롭게 예배에 참여하며 가족이 하나 되는 시간을 만드는 것이다. 그래야 가정예배를 반복할 수 있다. 반복해야 문화가 된다. 문화가 되어야 삶이 변한다.

가정예배의 은혜에 집중하라

가정예배는 '가정에 복음적인 문화를 만드는 것'이다. 율법적 규칙이 중요한 게 아니다. 복음적인 문화가 중요하다. 복음은 복음적 문화로 전해진다. 이를 위해서는 복음적인 훈련이 필요하다. 상하 관계의 율법 훈련을 뜻하는 게 아니다. 복음적인 훈련의 대상은 언제나 자기 자신이어야 한다. 남을 가르치려 하기보다 나의 변화를 갈망해야 하는 것이다. 그래서 바울은 "오직 겸손한 마음으로 각각 자기보다 남을 낫게 여기고"(빌 2:3)라고 말했다. 그것이 예수 그리스도의 마음이기 때문이다. 가정예배는 그런 작은 예수들을 통해 세워진다.

이런 의미에서 부모는 먼저 가정예배 시간에 '자기 자신'을 예배자로 세워야 한다. 부모가 먼저 가정에서 진정한 예배자가 되어야 한다. 그러면 가족의 반응은 자연스럽게 일어나게 되어 있다. 처음에는 멀리 있어도 인간은 은혜에 반응할 수밖에 없다. 예배의 자리에는 성령께서 임재하시기 때문이다. 가정예배를 방해하는 문제가 아닌, 하나님께 초점을 맞추는 것이 중요하다.

가정예배를 세우기 원하는 사람은 '가정예배의 은혜'에 집중해야 한다. 은혜가 넘치면 모든 것이 해결된다. 어떤 문제도 은혜 앞에서는 힘을 잃는다. 자녀의 신앙도 은혜를 통해 세워진다. 가정예배 시간에 설교를 안 해도 된다. 성경공부 시간이 없어도 된다. 중요한 것은 은혜를 누리는 것이다. 은혜를 누리면 성령께서 일하신다.

실제로 가정예배에 대해 이야기해 보면, 많은 부모가 의무감 때문에 가정예배에 집중하지 못한다. 예배는 드리지만 은혜가 없다. 잘못된 것이다. 가정예배는 자녀를 가르치는 시간이 아니다. 부담을 내려놔야 한다. 부모는 자녀에게 영적 기회를 제공하기 위해 노력해야 하지만, 신앙을 주입할 수는 없다. 환경을 조성하는 것은 부모의 책임이지만, 자녀의 믿음 여부는 부모의 책임이 아니다. 믿음은 성령 하나님께서 주시는 것이다. 부모는 믿음을 줄 능력이 없다. 이 사실을 인정해야 한다. 그래야 가정예배에서 자유를 누릴 수 있다. 부담을 내려놓고 온전히 예배할 수 있다. 그렇지 않으면 가정예배는 부모와 자녀 모두에게 부담으로 여겨질 뿐이다.

실제로 가정예배를 진행해 보면 설교나 교육을 안 하는 게 더 좋은 경우가 많다. 자녀에게는 잔소리로 들릴 가능성이 높기 때문이다. 자녀는 말이 아닌 경험을 통해 배운다. 같이 찬양하고 성경 읽고 기도하는 시간 자체가 충분한 신앙 교육이 된다. 말씀을 읽기만 해도 성령께서 충분히 자녀를 깨닫게 하실 수 있다. 가족과 함께하는 시간이 즐겁고 은혜가 된다면 자녀는 자연스레 하나님을 믿게 된다.

문제는 억지로 신앙을 강요하는 것이다. 그러면 신앙이 율법이 된다. 율법적 분위기에서는 복음을 가르칠 수 없다. 가정예배를 통해 가정에 복음을 문화로 만드는 것이 자녀에게 복음을 전하는 가장 좋은 방법이다. 복음적 문화가 신앙 전수라는 결과를 낳는다.

방법보다 지속이 중요하다

그렇기에 가정예배의 핵심은 '지속'이다. 가정예배가 가끔 열리는 이벤트가 되면 안 된다. 한 달에 한 번씩 1시간 예배드리는 것보다 매주 20분씩 예배드리는 게 더 좋다. 할 수 있다면 매일 10분씩 예배드리는 게 훨씬 좋다. 가정예배는 '콘텐츠'가 아니라 가족이 함께 예배하는 '경험'이기 때문이다. 어떤 본문에 어떤 말씀을 나눴는지보다 중요한 것은 가족이 정기적으로 예배드린 경험이다. '우리 집은 가정예배를 드린다'는 인식을 만드는 것이 중요하다.

그러려면 가정예배 방법론으로부터 자유해야 한다. 어떤 형태든지 '집에서 시간을 정해 혼자서라도 예배하면' 충분하다. 반드시 지켜야 하는 순서와 형식은 없다. 문턱을 낮추고 쉽고 즐겁게 시작하는 게 중요하다. 그렇게 시작하고 지속하다 보면 어느새 우리 가정에 맞는 예배 형태와 방법이 만들어진다. 하나님이 가정예배를 디자인하실 것이다.

물론 가정예배를 시작할 때 일정한 순서와 형식을 정할 필요는 있다. 혼자서 가정예배를 드린다면 그 필요성이 덜하지만, 가족이 시간을 정해 모이는 경우에는 예배 순서나 교재를 준비하면 다음 순서 예측에 도움이 된다. 진정한 자유는 익숙함에서 나온다. 따로 말하지 않아도 '다음에는 이 순서구나'를 알면 예배 자체에 집중할 수 있다. 그래서 가정예배 순서는 한번 정하면 자주 바꾸지 않는 것이 좋다. 자연스레 조금씩 필요에 따라 바꾸면 된다.

여기서 중요한 것은 '어떤 예배 의식을 행해야 가정예배가 되는 것이 아니다'라는 점이다. 어떤 커리큘럼을 활용하거나 효과적인 대화법을 사용하는 것이 유익할 수는 있지만, 이런 것들이 가정예배의 결정적 요소는 아니다. 그저 가정예배를 효과적으로 만들기 위한 부수적인 도구들일 뿐이다. 목적과 도구를 혼동하면 자유함이 사라진다.

그래서 도널드 휘트니는 가정예배의 요소로 '말씀 읽기, 기도하기, 찬양하기' 세 가지만 제시한다. 형식이 가정예배를 부담스럽게 만들면 안 되기 때문이다. 그의 설명을 보자.

사람들은 가정예배를 드리려면 공과나 묵상집을 준비해야 한다고 생각합니다. 하지만 그렇지 않습니다. 어떨 때는 성경적 교훈을 전달하는 방편으로 특정 기사나 블로그 게시물 또는 설교 예화 같은 것들을 가족에게 나누고 싶을 수 있습니다. 좋습니다! 개인적으로 묵상한 유난히 은혜로운 통찰을 들려줄 수도 있습니다. 그것도 좋습니다! 하지만 그런 예외적인 경우를 제외하고는 가정예배에 아무런 준비도 필요 없습니다. 누군가 찬송을 고르고 기도 방식을 정하기만 하면 됩니다. 그러고는 지난번에 읽다 만 성경 본문을 펴서 읽고, 기도하고, 찬송하면 됩니다.[12]

왜 이렇게 이야기할까? 가정예배를 세우기 위해 가장 중요한 것은 '가정예배를 지속하는 것'이기 때문이다. '어떻게 하는가'보다 '포기하지 않는 것'이 중요하다. 형식이나 의무감 때문에 가정예배가 부담스러워지면 지속하기 어렵다. 가정예배는 쉽고, 간단하고, 즐거워야 한다.

그래서 가정예배는 다양한 형태를 가진다. 반드시 따라야 하는 가정예배 순서는 없다. 찬양을 몇 곡 부를지, 악기를 사용할지, 어떤 성경 본문을 읽을지, 설교를 할지 말지, 기도를 어떻게 할지는 가족들이 정하면 된다. 찬양을 좋아하면 많이 해도 된다. 자녀가 어리면 성경을 한두 절만 읽어도 된다. 성경 암송으로 가정예배를 드려도 좋고 큐티가 습관화된 가족이라면 각자 큐티한 뒤 나눔만 함께해도 된다. 뜨겁게 합심기도를 해도 좋

---

12   도널드 휘트니, 『오늘부터, 가정예배』, 윤종석 역 (서울: 복있는사람, 2017), 63.

고, 대표기도로 마무리해도 좋다. 혼자서 가정예배를 드린다면 조용히 찬양을 듣고 성경 읽고 기도하는 것으로도 충분하다.

방법보다 지속이 중요한 이유가 무엇일까? 가정예배를 지속하다 보면 자연스레 성숙해지기 때문이다. 처음에는 찬양도, 기도도, 나눔도 충분하지 못할 수 있다. 아니, 부족한 게 당연하다. 처음부터 완벽한 가정예배는 없다. 그러나 부족해도 지속하다 보면 자연스러워진다. 반복하다 보면 어느새 풍성해진다. 미숙하던 기도에 깊이가 생기고 장난스럽던 나눔에 은혜가 깃든다. 10분도 어려웠던 가정예배가 30분, 1시간을 해도 즐거워진다. 어떤 특별한 비법을 사용했기 때문이 아니다. 가정예배를 지속하다 보면 성령께서 성숙하게 만드신다. 그러면 훈련이 되고 가정예배 문화가 만들어진다.

실제로 가정예배를 드리다 보면 자녀의 성장에 따라 가정예배의 형태가 변한다. 어렸을 때는 찬양을 많이 하던 가정이 시간이 흐르면 나눔이 풍성해지는 경우가 있다. 매일 30분 이상 가정예배를 드리던 가정이 자녀가 청소년이 되면서 일주일에 한 번으로 줄이기도 한다. 직장 문제로 가족이 흩어져서 온라인으로 가정예배를 드리게 되기도 한다. 그러나 모두 명백한 가정예배다. 어떤 방법으로 하느냐는 중요하지 않다. 100개의 가정이 있다면 100가지 가정예배가 있는 것이 당연하다. 각 가정의 문화가 다르듯, 각 가정의 가정예배도 다른 게 당연하다.

계속 말하지만 중요한 것은 '지속'이다. 가정예배를 포기하지 않는 것이다. 가족이 가정예배에 동참하지 않는다면 혼자서라도 가정예배의 시간과 공간을 지켜 내면 된다. 그러면 하나님이 이루신다. 하나님은 예배하는 한 사람을 통해 불모지에 예배를 세우신다. 하나님의 역사를 믿는 사람이 가정예배를 지속할 수 있다.

포기하지 말라

지극히 개인화된 세상에서 가장 자유롭게 복음을 전할 수 있는 현장은 가정이다. 부모처럼 자녀에게 강한 영향력을 발휘하는 존재는 세상 어디에도 없다. 그래서 가정예배를 문화로 만드는 것은 '시대적 사명'이다. 가정예배를 포기하면 안 된다. 가정마다 예배하는 문화를 만들어야 한다. 힘들어도 감당해야 한다.

어쩌면 우리는 가정예배를 너무 쉽게 포기하고 있는지도 모른다. 몇 번 시도해 봤는데 안 된다고 말한다. 좋은 방법론을 찾아 계속 헤매다 포기하는 경우도 많다. 이유가 무엇일까? 가정예배를 단기적인 시각으로 바라보기 때문이다. 그러면 안 된다. 문화로 바라봐야 한다. 문화는 하루아침에 만들어지지 않는다. 오랜 시간 일상으로 축적되어야 한다. 그렇기에 가정예배도 '일상의 믿음'이 축적되어야 세워진다. 즉시 치료제가 없다.

가정예배는 인위적인 교육이 아니다. 일상에서 형성되는 '가정의 문화'가 중요하다. 지극히 자연스러운 삶의 일부가 되어야 한다. 그래서 부모가 먼저 믿음의 말을 습관으로 만드는 것, 일상에서 하나님을 간증하는 것, 혼자서라도 집에서 정기적으로 예배를 드리는 것이 중요하다. 그렇게 은혜에 집중하면 성령께서 일하신다. 주도권은 언제나 하나님께 있다. 인간은 힘을 빼야 한다. 그저 주어진 자리에서 하나님을 찬양하고 그분이 이루시는 일에 감격하면 된다.

하나님은 신실하게 일하신다. 초대교회의 역사도 하나님께서 이루셨다. 인간의 노력으로 만들어진 모임이 아니었다. 그래서 강력했다. 성전과 집 어디든 하나님을 찬미하는 곳마다 구원의 역사가 일어났다. 지금도 동일하다. 교회와 가정에서 하나님을 예배해야 한다. 성도는 예배하도록 부름받은 존재다(사 43:21).

5

실시 설계도 그리기:
가정예배를 세우는 다섯 가지 전략

실시 설계도는 실제적이어야 한다. 지금 당장 적용할 수 있어야 하기 때문이다. 그래서 중요한 것이 현장성이다. 가정예배도 이와 같다. 이론이 아닌 실제 지침이 필요하다. 사명을 이루기 위한 구체적인 전략을 세워야 한다.

사명(Mission)은 전략(Strategy)을 통해 실현된다. 멋진 슬로건만으로는 아무것도 이룰 수 없다. 가정예배도 마찬가지다. 여기서는 가정예배를 세우기 위한 다섯 가지를 제시하겠다.

1. 먼저 부모의 마음을 '사랑'으로 채우라.
2. 부모의 잘못된 '부담감'을 버리라.

3. 가정예배에 대한 '조급함'을 버리라.

4. 가정예배의 초점을 '정체성'에 맞추라.

5. 교회와 함께 예배하는 가정들을 세우라.

이 다섯 가지는 순차적으로 진행되어야 한다. 시작은 '부모의 마음'이다. 하나님의 사랑이 부모에게 부어져야 한다. 그 사랑이 자유함을 만들어 잘못된 부담감을 버리게 만들기 때문이다. 그러면 가정예배를 시작할 수 있다. 이때 필요한 것은 조급함을 버리는 태도다. 그리고 가정예배의 초점을 정체성에 맞춰야 한다. 가정예배를 드리며 하나님의 사랑을 받은 자녀라는 정체성을 반복적으로 확인해야 한다. 이를 지속하기 위해서는 교회 공동체가 필요하다. 공동체와 함께 걸어가면 넘어져도 다시 일어날 수 있기 때문이다.

먼저 부모의 마음을 '사랑'으로 채우라

가정예배의 시작은 '부모가 먼저 하나님의 사랑으로 채워지는 것'이다. 부모 내면의 사랑은 금세 바닥난다. 인간에게는 사랑할 힘이 없다. 채워지지 않으면 흘려보낼 수 없다. 자녀를 키워 본 사람은 안다. 인내하려 부단히 노력해도 무너지는 건 한순간이다. 부모도 연약한 죄인일 뿐이다.

그래서 가정예배는 하나님의 사랑에서 시작해야 한다. 사도행전 2장처럼, 하나님을 사랑하기에 집에서도 예배하는 자연스러운 삶의 방식이 가정예배다. 사랑이 먼저다. 매일 가정예배를 드려도 사랑이 없으면 아무 소용이 없다(고전 13:1-3).

가정예배를 이야기할 때 이 부분은 매우 중요하다. 사랑을 놓치면 안 된다. 하나님은 자녀를 가르치라는 명령 전에 먼저 부모의 사랑을 요구하신다. 신명기 6장 4-9절을 다시 보라.

> 이스라엘아 들으라 우리 하나님 여호와는 오직 유일한 여호와이시니 너는 마음을 다하고 뜻을 다하고 힘을 다하여 네 하나님 여호와를 사랑하라 오늘 내가 네게 명하는 이 말씀을 너는 마음에 새기고 네 자녀에게 부지런히 가르치며 집에 앉았을 때에든지 길을 갈 때에든지 누워 있을 때에든지 일어날 때에든지 이 말씀을 강론할 것이며 너는 또 그것을 네 손목에 매어 기호를 삼으며 네 미간에 붙여 표로 삼고 또 네 집 문설주와 바깥 문에 기록할지니라 _신 6:4-9

쉐마의 시작은 '부모'다. 하나님 아버지는 부모들에게 먼저 명령하셨다. 부모가 먼저 유일한 여호와 하나님을 믿어야 한다. 그분을 전심으로 사랑하며 말씀을 마음에 새겨야 한다(신 6:4-6). 그래야 자녀에게 부지런히 하나님을 가르칠 수 있다.

가정예배도 부모가 먼저다. 부모가 가정예배를 주도해야

한다. 이때 중요한 것은 '마음의 동기'다. 의무감에 드리는 가정예배는 아무 능력이 없다. 자녀를 가르치려 가정예배를 드리면 금세 들통난다. 하나님이 우리의 중심을 아시는 것처럼, 자녀도 부모의 중심을 안다. 놀라운 사실이다. 자녀는 부모의 의도를 직관적으로 느낀다. 그래서 부모는 스스로 질문하며 내면을 점검해야 한다. 왜 가정예배를 드리려 하는가? 하나님을 사랑해서인가? 순수한 예배가 목적인가? 아니면 자녀의 신앙 교육 때문인가? 혹시 종교적 의무감 때문은 아닌가?

우리는 가정예배의 목적을 '자녀 교육'에 둘 때가 많다. 그래서 자녀를 중심으로 가정예배를 진행한다. 자녀의 수준에 맞는 찬양을 준비하고 의도를 담은 질문을 던진다. 그러나 의도를 가진 질문은 자녀의 흥미를 끌 수 없다. 오히려 자녀가 가정예배를 거부하게 할 뿐이다. 잔소리 듣는 시간을 피하지 않을 자녀는 없기 때문이다. '자녀를 위한' 가정예배는 지속될 수 없다. 가정예배는 언제나 '하나님을 위한' 순수한 예배 시간이 되어야 한다.

첫 단추가 중요하다. 가정예배의 목적은 언제나 '예배'여야 한다. 가정예배 문화를 만들 때 이 부분을 놓치면 안 된다. 가정예배의 동기가 '하나님을 향한 사랑'이 아니라면, 문화는 만들어지지 않는다. 그래서 부모의 시선은 하나님께 고정되어야 한다. 부모가 하나님을 가정의 주인으로 인정하며 예배를 반복하는 것이 중요하다. 하나님은 순수한 예배를 통해 일하신다. 부모는 스스로의 마음을 점검해야 한다. 가정예배의 이유는 언제나 하나님을 향한 사랑이어야 한다.

부모의 잘못된 '부담감'을 버리라

문제는 우리의 시선이 자녀에게 쏠릴 때가 많다는 것이다. 물론 그 이유는 자녀를 사랑하기 때문이다. 나보다 내 자녀가 잘되면 좋겠다는 마음이 가득하다. 자녀가 나보다 예수님을 잘 믿길 기도한다. 그런데 이런 마음이 때때로 조급함과 염려를 만든다. 부모로서의 책임감에 짓눌리기도 한다.

이유가 무엇일까? 우리는 '투입과 산출의 원리'에 익숙하기 때문이다. 세상은 부모의 열심이 자녀의 미래를 결정한다고 말한다. 부모가 열심히 자녀를 가르치면 그에 걸맞은 결과가 나온다고 생각하는 것이다. 그래서 자녀에게 많은 것을 쏟아붓는다. 실제 교육 현장에서는 이 공식이 성립되는 경우가 있다. 아니, 많다.

그래서일까? 한국교회 안에는 신앙 교육도 '투입과 산출의 원리'로 접근하는 경향이 있다. 부모가 열심히 신앙을 교육하면 자녀의 믿음이 좋아진다고 생각하는 것이다. 그래서 부모가 자녀를 부지런히 가르치지 않으면 자녀가 잘못된 길로 갈 수 있다는 생각에 억눌리기도 한다. 자녀가 방황하면 "내가 신앙 교육을 제대로 못해서 그래", "내가 제대로 못 살아서 그래"라며 자책하는 경우도 많다.

특별히 최근 한국교회에는 '가정에서의 신앙 교육이 중요하다', '부모가 모범을 보여야 한다'는 이야기가 많다. 좋은 현상이다. 가정은 신앙 교육의 최우선 장소다. 부모의 신앙이 자녀의 신앙 형성에 지대한 영향을 준다. 그러나 부모가 자녀를 구원할 수는 없다. 신앙 교육의 결과는 오직 하나님께 달려 있다.

같은 관점에서 보면, 부모의 믿음과 자녀의 믿음은 별개의 문제다. 부모의 믿음이 아무리 좋아도 자녀가 방황할 수 있다. 반대로 부모가 믿음이 없어도 자녀가 좋은 믿음을 가질 수 있다. 부모의 신앙이 자녀에게 영향을 줄 수는 있지만, 그것이 좋은 믿음을 보장하지는 않는다. 에스겔 18장 19-20절은 이렇게 기록한다.

> 그런데 너희는 이르기를 아들이 어찌 아버지의 죄를 담당하지 아니하겠느냐 하는도다 아들이 정의와 공의를 행하며 내 모든 율례를 지켜 행하였으면 그는 반드시 살려니와 범죄하는 그 영혼은 죽을지라 아들은 아버지의 죄악을 담당하지 아니할 것이요 아버지는 아들의 죄악을 담당하지 아니하리니 의인의 공의도 자기에게로 돌아가고 악인의 악도 자기에게로 돌아가리라 _겔 18:19-20

요한복음 9장 1-3절에서 예수님은 아버지와 아들의 죄가 연결되지 않는다고 말씀하셨다. 부모와 자녀 모두 하나님 앞에 단독자일 뿐이다(롬 14:12). 구원도 마찬가지다. 부모의 구원이 자녀의 구원을 보장하지 않는다. 요한복음 1장 12-13절을 보라.

> 영접하는 자 곧 그 이름을 믿는 자들에게는 하나님의 자녀가 되는 권세를 주셨으니 이는 혈통으로나 육정으로나 사람의 뜻으로 나지 아니하고 오직 하나님께로부터 난 자들이니라 _요 1:12-13

구원은 개인의 믿음으로 얻는다. 부모도 자녀도 각자 복음을 듣고, 깨닫고, 고백해야 한다. 누구도 대신 믿어 줄 수 없다. 그렇기에 자녀의 신앙에 대한 과도한 책임감도, 자책도 옳지 않다. 하나님 앞에서 부모와 자녀는 같은 위치에 있음을 기억해야 한다.

부모와 자녀는 각자 감당해야 하는 각자의 신앙 여정이 있다. 그렇기에 자녀는 주어진 인생길을 스스로 걸어가야 한다. 그 길에서 직접 경험해야 하는 하나님이 있다. 부모가 모든 것을 줄 수는 없다. 자녀가 스스로 하나님을 만나야 한다. 귀로 들은 신앙과 눈으로 본 신앙은 다르다(욥 42:5). 부모의 역할은 자녀가 하나님을 만나도록 기회를 제공하는 것까지다.

여러 번 강조하는 이유는 중요하기 때문이다. 자녀를 신앙으로 양육하는 것은 중요하지만, 그것이 자녀의 구원을 이루지는 못한다(고전 3:6-7). 우리는 이 사실을 인정해야 한다. 부모가 할 수 있는 것은 믿음으로 살아가는 모습을 보여 주는 것뿐이다. 그 삶에 자녀가 동참하도록 기회를 제공할 수는 있지만, 그 이상은 아니다. 신앙은 강요할 수 없다. 그저 하나님이 자녀를 책임지실 것을 믿어야 한다.

물론, 하나님은 우리를 꽃길로만 인도하시지는 않는다. 하나님은 때때로 인간을 광야로 인도하신다. 이유가 무엇일까? 인간은 광야에서 비로소 인간다워지기 때문이다. 광야에서 마주하는 결핍, 위협, 불안과 절망은 인간의 실체를 드러낸다. 인간의 무능함이 드러나는 것이다.

그러나 믿는 자에게 광야는 절망의 장소가 아니다. 광야에서 인도하시는 하나님을 만나기 때문이다. 하나님이 누구신가? 그분은 무능한 인간을 보호하시는 분이다. 광야에 길을, 사막에 강을 내신다(사 43:19-20). 그리고 그 광야에서 그분의 자녀에게 매일 만나를 먹여 살려 내신다. 결국은 약속의 땅에 들어가게 하신다. 이것은 하나님이 거룩한 백성을 키워 내시는 신비한 과정이다.

부모도 그 과정에 있다. 먼저 광야를 통과하는 중이다. 그곳에서 믿음으로 살아 내며 하나님을 간증하도록 부름받았다. 잠시 후면 자녀도 그 광야를 통과해야 한다. 부모는 그 길을 먼저 경험한 후, 자녀에게 광야에서 생존하는 방법을 알려 줘야 한다.

광야 생존법은 명확하다. 하나님의 인도하심을 받는 것이다.

> 여호와께서 모세에게 이르시되 하늘을 향하여 네 손을 내밀어 애굽 땅 위에 흑암이 있게 하라 곧 더듬을 만한 흑암이리라 모세가 하늘을 향하여 손을 내밀매 캄캄한 흑암이 삼 일 동안 애굽 온 땅에 있어서 _출 10:21-22

광야 생존법은 '의존'이다. 이스라엘 백성의 능력이 아니다. 구름 기둥, 불 기둥이 이스라엘 백성을 살렸다. 광야는 이 사실을 배우는 곳이다. 그래서 광야는 소중하다. 광야가 없으면 믿음도 없다. '흔들리지 않고 피는 꽃이 어디 있으랴'[13]는 시구를 음미해 보라. 고난을 통해서만 얻을 수 있는 교훈이 있다. 인간은 광야를 통과해야 한다. 광야를 통해 성숙해진다.

그래서 부모는 자녀를 광야로 보내야 한다. 하나님이 광야로 자녀를 인도하실 때는 믿고 맡겨야 한다. 부모가 자녀를 꽃길로 인도해서는 안 된다. 광야에 비닐하우스를 치고 참관만 하도록 만들면 자녀는 성장할 수 없다. 그렇게 될 때, 자녀에게

---

13 도종환, 「흔들리며 피는 꽃」 중.

하나님은 '부모의 하나님'으로 전락한다. 그러면 온실 속 화초가 된다. 부모의 보호막이 걷히면 스스로 생명력을 가지지 못하고 금세 죽어 버린다. 자녀에게 믿음의 자생력을 길러 줘야 한다. 어떻게 가능한가? 자녀를 광야로 이끄시는 하나님을 신뢰하며 하나님께 자녀를 내어 드리는 방법뿐이다.

누가복음 15장, 탕자의 아버지가 그렇게 했다. 그는 자녀에게 펼쳐진 광야를 받아들였다. 유산을 요구하는 아들에게 재산의 절반을 내어 줬다. 먼 나라로 떠난 아들은 그곳에서 허랑방탕하게 살다가 돼지우리에 들어갔다. 인생의 쓴잔을 마시며 실패의 구덩이를 뒹굴었다. 그런데 이 상황이 아버지의 책임이었을까? 자녀에게 모범을 보이지 못한 무능한 아버지 때문에 이런 상황이 벌어진 것일까?

탕자의 방황은 아버지의 잘못이 아니다. 탕자 내면의 죄성 때문이었다. 이런 탕자를 대하는 아버지는 무능하고 어리석은 존재가 아니다. 오히려 탕자의 아버지는 위대한 존재다. 그는 탕자에게 주어진 광야를 받아들였다. 그리고 이해할 수 없는 사랑으로 아들을 기다렸다. 값비싼 대가를 치르며 아들을 광야 학교로 보낸 것이다.

아버지에게 이 결정은 스스로를 광야로 내모는 것이었다. 너무나 아프지만, 탕자를 사랑하기에 큰 대가를 치른 것이다.

팀 켈러(Timothy Keller)는 이 아버지를 '탕부'라고 부른다.[14] 그는 막대한 재산을 낭비하면서까지 아들에게 광야 학교를 허락했다. 그리고 적극적으로 인내했다. 탕자가 스스로 돌이키는 그날을 기다렸다. 자신의 힘으로 아들의 광야 길을 막지 않았다. 그저 하나님의 손에 아들을 내어 드렸다. 이 아버지는 엄청난 사랑을 가지고 있었다.

집에 돌아온 탕자가 바라본 아버지는 어떤 모습이었을까? 자신을 향해 달려오는 아버지의 모습은 탕자에게 어떻게 다가왔을까? 더러운 자신을 끌어안고 입 맞추는 아버지의 눈물은 어떤 느낌이었을까? 아버지의 용서는 분명 탕자에게 평생 지워지지 않는 사랑으로 새겨졌을 것이다. 아마도 이후 탕자는 아버지를 떠나지 않고 '사랑에 빚진 자'로 살아가지 않았을까?

사람은 사랑을 통해 변화된다. 훈육이나 율법 규정을 통해 변화되지 않는다. 그래서 탕자의 아버지는 아들을 사랑하는 데 최선을 다했다. 자신이 아들을 바꿔 내려 힘쓰지 않았다. 그를 억지로 집에 묶어 놓지 않았다. 불만을 표하는 큰아들에게도 호통치지 않았다. 오히려 따뜻한 말로 아들을 달랬다. 어떻게 그럴 수 있었을까? 아버지도 누군가에게 큰 사랑을 받은 경험

---

14 Timothy Keller, *The Prodigal God: Recovering the Heart of the Christian Faith* (New York, NY: Penguin Books, 2008).

이 있지는 않았을까?

앞서 말했듯, 부모는 자녀보다 조금 먼저 광야를 통과하는 사람이다. 자녀는 앞서 걸어가는 부모의 등을 보며 자란다. 당신의 자녀에게 어떤 모습을 보여 주기 원하는가? 인생의 풍파 속에서도 하나님을 신뢰하는 모습, 예배자로 살아가는 믿음의 삶 아닌가?

가정예배는 그런 믿음의 삶을 보여 주는 방법이다. 삶의 분주함과 다양한 문제에도 예배를 뒤로 미루지 않는 부모의 신실함, 어려운 상황에도 찬양하며 감사하는 목소리, 사랑에 충만해 자녀를 축복하는 기도의 온기가 자녀에게 줄 수 있는 최고의 교육이다.

이것은 오랜 시간을 요구한다. 광야는 길다. 부모와 자녀는 최소 20년간 그 길을 걸어야 한다. 독립한 이후에도 자녀는 부모의 뒷모습을 보며 살아간다. 그래서 신앙은 '과정'이다. 단기 속성으로 만들어지지 않는다. 완벽한 솔루션도 없다. 성화는 오직 하나님의 섭리로 이루어진다. 부모는 불가능한 것에 자책할 필요가 없다. 자책은 아무것도 변화시키지 못한다. 그저 자신에게 주어진 삶에 최선을 다하면 된다. 예배의 자리를 지키며 살아가는 뒷모습을 보여 주는 것으로 충분하다.

가정예배에 대한 '조급함'을 버리라

이런 관점에서 가정예배의 초점은 '동행'이다. 누구와의 동행인가? 하나님과의 동행, 가족과의 동행이다. 일상의 공간인 집에서 예배하며 삶을 공유하기 때문이다. 가족이 인생의 동행자가 되는 것이다.

동행자가 있으면 여행은 즐거워진다. 하나님과의 동행, 가족과의 동행은 삶을 바꾼다. 광야를 이겨 낼 힘이 주어진다. 광야를 통해 오히려 가족이 하나가 된다. 서로를 깊이 이해하고 사랑하는 예배 공동체로 세워진다.

이런 하나 됨은 오랜 시간을 요구한다. 그래서 가정예배는 평생의 여정(Journey)이다. 잠깐의 여행(Trip)이 아니다. 가족이 하나님 안에서 함께 살아가는 '삶의 방식'이 되어야 한다. 여기에 필요한 것은 '순수한 사랑'이다. 서로를 인생 여정의 동행자로 여기는 사랑이 필요하다. 서로의 삶에 관심을 가지며 일상을 함께해야 한다. 서로의 삶에 하나님의 은혜를 구하며 축복하고 기도해야 한다. 이런 가족의 사랑을 누릴 때 가정예배가 의미를 가진다. 그래야 지속할 수 있다. 사랑이 빠지면 모든 것이 헛되다.

가정은 사랑으로 시작된다. 그리고 사랑을 위해 살아간다. 인간적인 연약함과 현실의 문제들이 공격해 오지만, 사랑이 모든 것을 뛰어넘게 만든다(잠 10:12; 벧전 4:8). 반대로 사랑하지 않는다면, 가정은 현실의 문제에 넘어진다. 그래서 사랑은 가정의 시작이자 끝이다. 사랑을 잃으면 가정은 존재 목적을 잃는다. 가정예배에서 집중해야 하는 것은 사랑이다.

관건은 '인간의 죄성'(Sinfulness of humanity)이다. 부모도 자녀도 모두 죄인이다. 사랑보다 미움이 익숙하다. 문제가 발생하면 서로를 원망한다(창 3:11-13). 가깝다는 이유로 서로를 쉽게 대한다. 아이러니하게도 가장 사랑이 넘쳐야 하는 가정에서 가장 많은 상처를 주고받는다. 피상적 사랑, 조건적 사랑의 한계다. 이런 사랑으로는 아무것도 할 수 없다. 인간에게는 죄인의 연약한 사랑이 아닌, 하나님의 무한한 사랑이 필요하다.

어떤 사랑인가? 고린도전서 13장 4-7절에서 바울은 사랑을 이렇게 설명한다.

> 사랑은 오래 참고 사랑은 온유하며 시기하지 아니하며 사랑은 자랑하지 아니하며 교만하지 아니하며 무례히 행하지 아니하며 자기의 유익을 구하지 아니하며 성내지 아니하며 악한 것을 생각하지 아니하며 불의를 기뻐하지 아니하며 진리와 함께 기뻐하고 모든 것을 참으며 모든 것을 믿으며 모든 것을 바라며 모든 것을 견디느니라 _고전 13:4-7

가정예배에는 이 사랑이 필요하다. 연약한 서로를 품고 용납하는 사랑, 서로를 존중하며 믿어 주는 사랑 말이다. 무언가를 이루기 위한 도구로 여기는 것이 아닌, 순수하게 서로를 사랑하는 관계가 진짜 사랑하는 사이다. 가정예배에는 이런 사랑이 넘쳐야 한다. 서로를 사랑하는 것으로 충분한 시간이 되어야 한다.

그러려면 가정예배에 대한 조급함을 버려야 한다. 인위적인 노력을 경계해야 한다. 무슨 말일까? 가정예배를 지속하는 것은 필요하지만, 가정예배를 통해 무언가를 성취하려 의도하면 안 된다는 말이다. 인간적인 의도는 과욕을 만든다. 마음대로 안 되니 요구하게 되고, 결국 율법적 분위기가 형성된다. 그러면 가정예배는 형식으로 전락하고 만다.

가정예배는 여유로워야 한다. 사랑과 관용으로 함께 기뻐하는 분위기를 만들어야 한다. 여기에는 실수와 연약함에 대한 용납이 포함된다. 완벽한 예배는 없다. 그저 가정예배를 지속하며 서로의 연약함을 감싸고 사랑할 뿐이다. 그거면 된다. 부족한 것은 다음 가정예배에서 채우면 된다. 한 번의 가정예배에 모든 것을 걸 필요가 없다. 가정예배는 일평생 지속해야 하기에 질책보다는 격려로 다음 가정예배를 이어가야 한다. 그러면 하나님께서 각 사람을 예배자로 다듬어 가신다.

물론 부모의 역할은 중요하다. 부모에게는 가정예배를 지속할 책임이 있다. 그러려면 스스로의 마음을 관리해야 한다. 배우자에게 가정예배를 권면할 필요도 있다. 자녀가 가정예배에 동참하도록 마음을 만지는 과정도 필요하다. 그러면서도 가정예배에 대한 욕심을 버려야 한다. 예배 이외의 목적을 이뤄 낼 수는 없다는 것을 인정해야 한다. 일을 성취하는 것은 하나님의 영역이다(렘 33:2). 부모는 할 수 있는 대로 가정예배를 사수하기만 하면 된다.

그러면 하나님께서 반드시 이루신다. 어려움이 발생해도 가정예배를 지속하고 있다면 충분하다. 가족이 모두 참여하지 않더라도, 혼자서 가정예배를 드려야 하는 상황에도, 가정예배 시간과 장소를 지켜 내면 된다. 그러면 성령께서 역사하신다. 가정에 예상치 못한 신비한 역사가 일어난다.

혼자 가정예배를 드린다고 해서 낙심할 이유는 없다. 하나님은 홀로 드리는 예배도 기뻐하신다. 그 예배에 쌓인 기도와 눈물을 아신다. 헛된 시간이 아니다. 하나님은 예배자의 중심을 외면하지 않으신다. 혼자서 가정예배를 지켜 내는 헌신은 값지다. 비록 가정예배에 참여하지는 않아도 가족은 모두 알고 있다. 포기하지 않고 자신을 위해 기도한 부모의 모습은 자녀의 평생에 지워지지 않는다. 그들이 만날 인생의 폭풍에 기도하는 부모의 모습이 떠오르면 된다. 그러면 탕자처럼 돌아올 것이다. 그래서 가정예배는 포기하지 않는 것이 제일이다.

문제는 언제나 부모의 조급함이다. 가정예배를 드리면 변화가 일어나야 한다는 생각을 버려야 한다. 가정예배는 원래 '아무 일도 일어나지 않는 것'이다. 물론, 특별한 가정예배도 있다. 관계가 회복되고 응어리가 풀어지는 경험이 일어날 때가 있다. 그러나 매번 특별하지는 않다. 특별한 변화는 특별한 때만 일어난다.

만약 가정예배를 드릴 때마다 변화가 일어난다면, 그게 더 큰일이다. 생각해 보라. 예배드릴 때마다 변화가 일어난다면 누가 감당할 수 있겠는가? 무슨 일이 일어날지 모르는데 어떻게 가정예배를 계속 드릴 수 있겠는가? 가정예배는 변화를 위한 시간이 아니다. 가정예배는 그저 삶의 일부가 되면 충분하다. 가정예배는 특별 이벤트가 아닌, 가족이 하나님과 동행하는 삶의 기록이다.

성령 하나님은 우리를 잘 아신다. 그래서 우리를 인격적으로 대하신다. 천천히 조금씩 다듬어 가신다. 당장 눈에 보이는 결과물을 강요하기보다 '하나님과 동행하는 삶'(A journey with God)을 원하신다. 그분은 어떤 조건을 요구하시는 분이 아니다. 성과를 내놓으라고 재촉하지도 않으신다. 하나님은 우리를 있는 그대로 사랑하시며, 무한한 사랑을 부어 주신다. 가정예배는 그 사랑을 경험하는 시간이자 우리를 이미 용납하신 하나님의 사랑을 풍성히 경험하는 시간이다.

가정예배의 초점을 '정체성'에 맞추라

가정예배의 핵심은 사랑이다. 이 초점을 잃으면 안 된다. 가정예배는 사랑하는 시간이다. 사랑을 채워야 한다. 누구의 사랑인가? 하나님의 사랑이다. 인간 사이의 사랑 이전에 하나님의 사랑이 필요하다. 사랑은 하늘에서 온다. 하나님의 사랑이 우리에게 사랑할 힘을 준다. 그 사랑이 우리의 정체성이다.

세상은 정체성을 '내가 누구인지'(Who I am) 발견하는 것이라고 말한다. 그러나 인간은 스스로를 제대로 인식할 수 없다. 위기의 순간을 마주하면 자기도 모르는 모습이 나온다. 시간이 흐르다 보면 인간은 자신의 새로운 모습을 발견하게 된다. 인간은 가변적인 존재여서 시시때때로 변한다. 그렇기에 인간에게서 출발한 정체성은 당연히 혼란에 빠질 수밖에 없다.

정체성 혼란에 빠진 인생은 방황하게 된다. 삶의 목적과 의미가 정체성에서 나오기에 정체성은 변하지 않아야 한다. 오늘 인식한 정체성과 10년 후 인식하는 정체성이 같아야 목적지에 도달할 수 있다. 그러려면 정체성은 변하지 않는 존재로부터 출발해야 한다. 누가 변하지 않는 존재인가? 누가 영원한가? 바로 하나님이다. 하나님의 말씀이다(사 40:8). 하나님의 말씀을 통해 내가 누구인지 발견해야 한다.

그래서 성경적인 정체성은 '하나님이 나를 누구라고 말씀하시는지'(I am who You say I am) 아는 것이다. 인간의 자기 발견이 아니다. 정체성은 하나님으로부터 시작한다. 말씀을 통해 하나님의 형상(Imago Dei)으로 지음받은 나를 만나는 것이다. 말씀을 통해 독생자를 내어 주신 사랑을 만나는 것이다. 사랑이신 하나님을 만날 때에만 인간은 내가 누구인지 발견할 수 있다.

그렇다면 어디서 하나님을 만날 수 있는가? 특정한 장소가 아니다. 하나님은 예배를 통해 우리와 만나신다(요 4:21-24). 교회에서, 가정에서, 삶의 현장에서 예배를 통해 하나님을 만날 수 있다. 하나님은 간절한 예배자에게 다가오신다(잠 8:17). 그래서 우리는 예배를 통해 하나님이 누구신지, 하나님이 우리를 어떻게 사랑하시는지 반복해 듣고 되새기며 '내가 누구인지' 발견할 수 있다.

특별히 가정예배를 통해 경험한 하나님의 사랑은 한 사람의 정체성에 강력한 영향을 미친다. 가정은 개인의 신앙 및 인격 형성과 밀접한 관계가 있다. 어려서부터 부모를 통해 만난 믿음이 정체성의 기초가 된다(딤후 1:5). 그래서 가정에서 복음을 경험하는 것이 중요하다. 율법적인 훈육으로 일관된 가정예배는 위험하다. 가정예배는 복음을 경험하는 시간, 따뜻한 사랑을 경험하는 시간이 되어야 한다.

사랑이 정체성을 형성한다. 사랑에는 사람을 변화시키는 힘이 있다. 사랑은 강력하다. 모든 죄와 허물을 덮는다(벧전 4:8).

절망에서 일어날 힘을 주고, 비난과 자책을 막아선다. 우울과 두려움을 뛰어넘을 힘을 준다. 그거면 된다. 다른 것에 집중할 필요가 없다. 가정예배를 통해 성경적인 정체성이 형성된다면 충분하다.

그래서 가정예배는 '정체성'에 집중해야 한다. 복음 안에서 주어진 정체성을 지속적으로 알려 줘야 한다. 어떻게 가능할까? 찬양의 가사를 통해 하나님은 누구신지, 그리스도인은 누구인지 고백하면 된다. 말씀을 읽거나 암송하며 하나님을 마주하는 것, 기도를 통해 은혜를 경험하는 것도 좋다. 여기에 '부모의 살아 있는 간증'이 더해지면 이상적이다. 부모가 하나님이 자신에게 어떤 분이신지, 오늘 어떤 일을 행하셨는지, 스스로를 어떻게 인식하고 살아가는지 알려 주는 것이다. 그러면 부모의 입을 통해 전해지는 '부모의 정체성'이 '자녀의 정체성'을 형성한다.

여기서 중요한 것은 부모가 먼저 '하나님이 주신 정체성'을 확신하는 것이다. 로마서 8장을 완전히 마음에 새겨야 한다. 바울의 확신을 보라.

이제 그리스도 예수 안에 있는 자에게는 결코 정죄함이 없나니 _롬 8:1

바울은 담대하다. 그는 믿는 자들이 이미 양자의 영을 받앞고, 성령이 하나님의 자녀인 것을 증언해 주신다고 선언한다 (롬 8:16). 성경 곳곳에 등장하는 그리스도인의 정체성도 마찬가지다. 그리스도인은 복음으로 구별된 하나님의 자녀다. 자녀의 삶을 살도록 부름받은 거룩한 백성이다. 가정예배에서 부모는 이것을 보여 줘야 한다. 말로만 가르치는 게 아니라 복음으로 자녀를 대해야 한다.

물론, 자녀가 가정예배에 집중하지 못할 수 있다. 죄인은 본래 예배를 싫어한다. 그렇기에 심령에 복음이 심어지지 않은 자녀가 예배를 거부하는 것은 당연하다. 그래서 더욱 부모가 흔들리지 않아야 한다. 계속 복음에 뿌리내리고 자녀를 사랑해 줘야 한다. 부모가 영적 분위기를 조성하고 이끌어 가야 한다. 중요한 것은 '부모의 집중력'이다. 부모가 복음으로 무장하면, 부모가 자녀를 진정 사랑하면, 부모는 자녀에게 지속적으로 부모의 정체성을 간증할 수 있다. 자녀는 하루아침에 떠나지 않는다. 자녀에게 복음을 전해 줄 기회는 계속 있다. 일상에서 자녀를 복음으로 대하다 보면 결국 자녀는 복음을 듣게 된다. 부모가 흔들리지 않으면 가정은 흔들리지 않는다.

이런 의미에서 가정예배의 분위기는 온전히 '복음적'이어야 한다. 복음이 무엇인가? 공의와 사랑이다. 분명한 기준을 제시하지만, 죄인을 향한 사랑으로 완성하는 것이다. 가정예배를 드릴수록 서로 불편해지면 지속할 수 없다. 정죄와 판단, 가르침과 훈육이 가정예배의 분위기가 되면 금세 갈등이 일어난다. 갈등을 좋아하는 사람은 없다. 갈등은 자연스럽게 가정예배를 중단하게 만든다. 중요한 것은 사랑이다. 하나님의 사랑을 경험하다 보면 서로를 향한 사랑이 일어난다. '사랑하는 습관'이 형성되면 자녀는 자연스레 사랑하는 사람으로 자라간다.

이것은 신비한 경험이다. 사랑할 수 없는 사람을 사랑하는 능력이 하늘에서 임한다. 그러면 상대방을 이해할 힘이 주어진다. 원망이 사라지고 깨진 관계가 회복된다. 인간의 노력으로 만든 회복이 아닌, 내면에서 일어난 신비한 사랑이 화목을 이룬다. 그리스도의 사랑이 믿는 자를 강권하시기 때문이다(고후 5:14). 이것이 복음의 능력이다. 복음은 우리를 새롭게 한다. 우리에게 익숙한 구절들을 보라. 바울은 복음의 새롭게 하는 능력을 증언한다.

누구든지 그리스도 안에 있으면 새로운 피조물이라 이전 것은 지나 갔으니 보라 새 것이 되었도다 _고후 5:17

내가 그리스도와 함께 십자가에 못 박혔나니 그런즉 이제는 내가 사는 것이 아니요 오직 내 안에 그리스도께서 사시는 것이라 이제 내가 육체 가운데 사는 것은 나를 사랑하사 나를 위하여 자기 자신을 버리신 하나님의 아들을 믿는 믿음 안에서 사는 것이라 _갈 2:20

그리스도인은 '의롭다 여김 받은 죄인'이다. 그리스도께서 우리를 대속(Redemption)하셨다. 모든 죄의 대가를 완전히 치르셨다. 그 대속의 결과로 믿는 자들은 이미 변화되었다. 이미 하나님이 용납해 주셨다. 거룩한 자녀가 되었다. 완전히 새로운 신분을 입은 것이다. 히브리서 10장 10절 말씀을 보라.

이 뜻을 따라 예수 그리스도의 몸을 단번에 드리심으로 말미암아 우리가 거룩함을 얻었노라 _히 10:10

그리고 하나님은 "거룩하게 된 자들을 한 번의 제사로 영원히 온전하게" 하셨다.

그가 거룩하게 된 자들을 한 번의 제사로 영원히 온전하게 하셨느니라 _히 10:14

그리스도인은 거룩해지기 위해 예배하지 않는다. 이미 거룩하게 구별되었기에 예배한다. 변화된 신분으로 변화된 삶을 살아가는 것이다(롬 12:1-2). 가정예배도 이런 '자기 인식'에 근거해 드려야 한다. 이미 거룩하게 구별된 가정이기에 예배를 드리는 것이다. 거룩해지기 위해, 신앙을 훈련하기 위해서가 아니다. 가정예배의 시작은 거룩하게 하신 하나님의 은혜다. 그 은혜에 반응해 예배하는 것이다.

거룩한 가정은 인간의 노력으로 세워지는 것이 아니다. 그리스도의 보혈로 이미 거룩해졌다. 율법적 규칙을 정하고 그것을 다 지켜야 거룩해지는 게 아니다. 거룩한 가정은 오직 보혈을 의지할 때 세워진다. 그리스도께서 우리를 거룩하게 하신다. 이것이 그리스도인의 새로운 정체성(New Identity in God)이다. 가정예배는 이 사실을 잊지 않도록 부지런히 가르치는 시간이다.

교회와 함께 예배하는 가정들을 세우라

태어난 순간부터 자녀는 부모를 통해 모든 것을 배운다. 말하고 소통하고 살아가는 모든 것을 부모로부터 배운다. 이것은 누구도 대신할 수 없는 단독 사명이다. 그런데 자녀는 부모 외에도 광범위한 대상으로부터 배운다. 삶에서 마주하는 수많은 사람과 환경, 정보를 통해 자신만의 세상을 만들어 간다. 다수와의 싸움이다. 부모 홀로 자녀를 바르게 키우는 것은 어렵다. 부모 세대는 연합해야 한다.

그래서 가정예배 문화 만들기의 마지막 전략은 '공동체성'이다. 자녀 세대를 믿음으로 키우는 생태계를 함께 만드는 것이다. 교회 공동체가 함께 예배하는 가정들을 세워야 한다. 앞에서 이야기한 네 가지를 모두 실현해도 공동체가 함께하지 않는다면 금세 힘을 잃는다. 하나님은 교회와 가정을 모두 사용하기 원하신다. 스티브 라이트(Steve Wright)와 크리스 그레이브스(Chris Graves)의 설명을 보라.

창세기에서 하나님은 첫 번째 신적 기관으로 가정을 창조하셨다. 그리고 하나님은 신약에 두 번째 신적 기관인 교회를 설립하셨다. 그럼 우리는 이 두 기관을 어떻게 대해야 하는가? 그들은 경쟁자인가? 하나는 더 이상 필요하지 않은가? … 교회와 가정은 연합하여 제자를 훈련해야 한다. 가정은 교회와 동떨어진 상태에서 독자적으로 자녀를 교육하는 곳이 아니다. 가족과 교회는 하나님의 영광을 위해 기능하도록 설계되었기 때문에 서로 협력해야 한다.[15]

그리스도인은 갈수록 개인주의화되는 시대에 역행해야

---

15 Steve Wright and Chris Graves, *ApParent Privilege* (Wake Forest, NC: InQuest Ministries, 2008), 57-58. 직접 번역. 원문은 다음과 같다. "In Genesis, God created the first institution—the family. He creates the second institution in the New Testament—the church. So how are we to view these two institutions? Are they rivals? Is one no longer needed? … The church and the family are to be united to accomplish discipleship. Families should no more drop their kids off at the church door to be discipled any more than they should avoid the church and try to go it alone. Family and church need each other to function like each is designed to function for the glory of God."

한다. 늑대는 홀로 떨어진 양을 노린다. 내 자녀만 잘 키우면 되는 게 아니다. 믿음의 공동체를 만들어야 한다. 전도자의 가르침은 지금도 유효하다.

> 두 사람이 한 사람보다 나음은 그들이 수고함으로 좋은 상을 얻을 것임이라 혹시 그들이 넘어지면 하나가 그 동무를 붙들어 일으키려니와 홀로 있어 넘어지고 붙들어 일으킬 자가 없는 자에게는 화가 있으리라 또 두 사람이 함께 누우면 따뜻하거니와 한 사람이면 어찌 따뜻하랴 한 사람이면 패하겠거니와 두 사람이면 맞설 수 있나니 세 겹줄은 쉽게 끊어지지 아니하느니라 _전 4:9-12

다시 신명기 6장, 쉐마로 돌아가 보자. 하나님은 이스라엘 공동체에 쉐마를 명령하셨다. 각 가정에게 하신 게 아니다. "아비들아, 어미들아"라고 명령하지도 않으셨다.

> 이스라엘아 들으라 우리 하나님 여호와는 오직 유일한 여호와이시니 _신 6:4

하나님은 이스라엘 공동체를 하나로 보셨다. 지금도 마찬가지다. 하나님은 믿는 자들을 하나로 보신다. 우리의 영적 싸움은 각개 전투가 아니다. 바울은 "우리의 씨름"(엡 6:12)이라고 말한다. 그리고 "깨어 구하기를 항상 힘쓰며 여러 성도를 위하여 구하라"(엡 6:18)라고 명령한다. 이유가 무엇일까? 그는 왜 영적 전쟁을 명령한 후에 공동체의 기도를 이야기할까? 교회는 운명 공동체이기 때문이다. 모든 부모는 함께 자녀를 키워 나가는 동역자들이다.

- Blueprint를 그렸다면

가정예배의 설계도(Blueprint)는 가정예배를 재정의하는 것으로부터 시작된다. 가정예배가 무엇인가? '집에서 드리는 정기적인 예배'다. 가정예배의 목적은 삶의 문제나 자녀의 행동 교정이 아닌, 순수한 예배가 되어야 한다. 다른 목적이 생기면 변질된다.

가정예배는 "먼저 그의 나라와 그의 의를 구하라"(마 6:33)라는 명령에 대한 순종이다. 가정의 주인이 하나님이라는 것을 예배로 고백하는 시간이 가정예배다. 이런 관점에서 가정예배는 '시간과 공간' 개념으로 이해해야 한다. 가족이 다 참석했는지, 어떤 교재를 사용하는지, 사도신경을 했는지 안 했는지는 부차적인 문제다. 한 사람이라도 정해진 시간에 정해진 장소에서 예배하는 것이 중요하다. 집을 예배로 채우는 사명자가 가정예배를 지속하면 된다. 그 시간을 통해 하나님의 은혜가 임한다. 은혜가 임하면 가정이 변화된다. 사람을 바꾸는 성령의 역사는 예배를 통해 임한다.

이런 토대 위에 가정예배의 기본 설계도를 그려야 한다. 즉, 가정예배를 '은혜의 시간'으로 만들어야 한다. 이를 위해서는 부모가 먼저 예배에 집중해야 한다. 자녀에게 집중하면 예배하기 어렵다. 하나님께 집중하며 전심으로 예배하는 것이 중요하다. 그 예배를 지속하며 문화로 만들어야 한다. 자녀는 문화를 흡수하면서 신앙을 습득한다.

문화를 만드는 전략을 세워야 한다. 구체적인 지침을 제시하는 실시 설계도를 그려야 한다. '부모의 마음'에서 시작한 가정예배 문화 만들기는 사랑을 경험할 가족 관계와 신앙 공동체로 귀결된다. 여기서 핵심은 교회 공동체가 함께 가정의 문화를 만드는 것이다. 각 가정이 예배하도록, 복음으로 자녀를 키우도록 힘을 모아야 한다.

교회 공동체가 핵심이다. 예배하는 가정들이 모여 예배하는 교회 문화를 만들어야 한다. 그 문화를 통해 자녀 세대가 하나님을 알게 된다. 그러므로 부모 세대의 공동체적 사명은 '거룩한 예배 문화를 만드는 것'이어야 한다. 이제 다음 챕터에서 '설계도를 어떻게 현실로 구현할 수 있는지' 살펴보자.

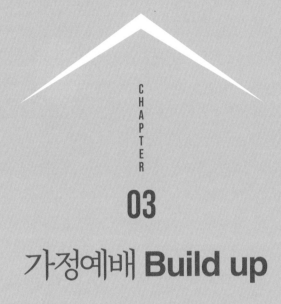

CHAPTER

03

가정예배 **Build up**

설계도는 현실로 구현되어야 한다. 설계만으로 끝나면 무용지물이기 때문이다. 가정예배도 설계를 현실로 만드는 과정이 필요하다. 가정예배 문화를 건축(Build up)하는 의도적인 시간을 만들어야 한다. 이 일은 혼자서는 어렵다. 교회 공동체가 함께해야 한다.

가정예배를 문화로 만드는 것을 다른 말로 표현하면, '가정예배가 당연해지는 것'이다. 가정예배는 본래 당연한 것이다. 이제 가정예배는 삶의 일부가 되어야 한다. 절기별 이벤트나 모임이 되어서는 안 된다. 가정예배가 특별한 일이라고 여기기 시작하면 경직된다. 가정예배는 누구나 쉽고 즐겁게 할 수 있도록 디자인되어야 한다. 일부 유형의 가정만 해당되는 것이 아니다. 교회 공동체의 모든 가정이 함께하는 삶의 방식이 되어야 한다.

그래서 가정예배는 '교회와 가정의 문화 만들기'(Culture Making for the Church and Home)라는 관점이 필요하다. 여기서 '만들기'라는 단어가 중요하다. 기존의 것을 답습하는 방식으로는 변화가 일어나지 않는다. 가정의 문화를 새롭게 디자인해야 한다. 여기에는 모범 답안이 없다. 각 가정의 상황에 맞는 가정예배를 만들면 된다.

그러려면 가정예배 각 순서의 목적을 분명히 하고 반복하는 과정이 필요하다. 건축은 실제다. 말만 해서는 건물을 세울 수 없다. 땅을 파고, 다지고, 뼈대를 세우고, 벽돌을 올리는 작업을 수없이 반복해야 한다. 가정과 교회의 문화도 마찬가지다. 가정예배의 각 순서를 반복하며 문화를 만들어 가는 시간이 필요하다. 매일 가정예배를 지속하는 시간과 노력의 축적을 통해 문화가 만들어진다.

1 Andy Crouch, *Culture Making*, 67.

부모 세대가 **함께** 하는 **가정**예배 **문화** 만들기

교회와 함께 가정**예배**

1

가정예배 순서 이해하기

가정예배는 가정마다 다르다. 모든 가정이 똑같을 수 없다. 하나님은 각 사람을 '심히 기묘하게'(시 139:14) 지으셨다. 100개의 가정이 있다면 100개의 가정예배가 있는 게 당연하다. 가정예배를 특정한 형식에 가두기 시작하면 역동이 사라진다. 가정예배는 짧고, 지속적이고, 자유로워야 한다.[1] 무엇이든 즐거움이 없으면 지속할 수 없다.

이런 관점에서 가정예배의 다섯 가지 순서(준비, 찬양, 말씀, 감사, 기도)를 살펴봐야 한다.[2] 각 순서는 정형화된 형식이 아닌, 자

---

1 도널드 휘트니, 『오늘부터, 가정예배』, 66-68.
2 도널드 휘트니는 '말씀, 기도, 찬양'을 가정예배의 요소로 제안한다. 이 책에서는 여기에 '감사'를 추가해 부모의 간증이 전해 주는 신앙을 추구한다.

유롭고 즐거운 경험이 되어야 하기 때문이다. 때론 찬양을 많이 해도 된다. 말씀을 깊이 나누느라 오랜 시간을 보내는 것도 괜찮다. 모이자마자 간증이 터져 나왔다면 찬양이나 말씀을 생략하고 기도로 가정예배를 마무리해도 된다. 정해진 순서는 있지만, 얼마든지 조정할 수 있다. 중요한 것은 '가족이 함께 은혜를 경험하는 것'이다.

가정예배 순서 1: 준비하기

가정예배의 시작은 준비 시간이다. 이 시간을 간과하면 안 된다. 가정예배를 준비하는 시간부터 문화로 만들어야 한다. 가정예배 시간을 준비하도록 미리 분위기를 조성해야 한다. 말로 해도 좋지만, 꼭 말로 할 필요는 없다. 가정예배를 시작한다는 신호를 주면 된다.

예를 들어, 배우자 또는 자녀에게 "우리 30분 후에 가정예배 드릴 거니까 준비하세요"라고 말하거나 "우리 8시에 예배드릴까?"라고 미리 물어볼 수 있다. 거실에 성경책을 꺼내 놓고 찬양을 틀 수도 있다. 정해진 시간에 악기를 꺼내고 조율을 하는 것도 좋다. 부모가 먼저 자리에 앉아서 성경을 읽고 기도하고 있는 것도 좋은 방법이다.

여기서 중요한 것은 정해진 시간이 되면 바로 시작하는 것이다. 가족들의 참석 여부와 상관없이 정확한 시간에 시작해야 한다. 가정예배가 사람에 의해서 좌지우지되지 않고, 정해진 시간에 시작한다는 것을 처음부터 인식시켜 줘야 한다.

실제로 가정예배를 진행해 보면 가족의 시간을 다 맞추는 게 어렵다는 것을 알게 된다. 한 명이 안 와서 기다리다가 그 사람이 오면 어느새 다른 한 사람이 사라진다. 그러면 계속 시작이 미뤄지고 화가 나고 짜증이 날 수밖에 없다. 참석하는 것도 중요하지만 그보다 더 중요한 것은 함께 정한 시간이다. 하나님과 약속한 시간에 정확하게 가정예배를 시작해야 한다. 어떠한 상황에서든지 가정예배는 정한 시간에 정한대로 진행된다는 것을 처음부터 알려 주고 그것을 지켜 내는 게 가정예배 준비하기의 핵심이다.

이때 '긍정적 강화'를 사용하면 좋다. 잘못한 것을 지적하기보다는 잘한 것을 적극적으로 칭찬하는 것이다. 부모와 함께 가정예배를 준비하는 자녀를 칭찬해야 한다. 미리 와서 앉아 있는 모습을 칭찬하거나 찬양을 잘 부르는 모습을 칭찬하는 것이다. 칭찬이 자연스러워지면 이것이 가정의 문화가 되고, 자녀에겐 가정예배에 대한 좋은 추억과 이미지가 생긴다. 이런 긍정적 강화를 통해 가정예배 준비 단계부터 밝고 따뜻한 분위기를 만들면, 보다 은혜로운 가정예배를 드릴 수 있다.

가정예배 순서 2: 찬양하기

찬양의 목적은 '하나님을 높여 드리는 것'이다. 매우 명확한 목표다. 물론 찬양은 가정예배의 시작을 알리는 역할도 한다. 찬양 소리를 들으면 자연스럽게 가정예배에 동참하게 된다. 하지만 찬양 시간의 더 중요한 목적은 하나님을 높여 드리는 것임을 잊어서는 안 된다.

찬양은 미리 선곡해 놓는 것이 좋다. 어떤 곡을 부를지 가족에게 미리 물어보고 악보를 준비하면 더 좋다. 자녀는 자기가 선곡한 곡에 반응한다. 혹시 가정예배에 잘 참여하지 않는 자녀가 있다면 자녀가 좋아하는 찬양을 부르면 좋다.

찬양 부분에서 많이 등장하는 질문은 '악기 사용'이다. 이에 대한 대답은 '자유롭게 하라'다. 악기가 있으면 좋지만, 없어도 상관없다. 기타나 피아노를 연주하며 찬양하는 것은 가정예배를 은혜롭게 만드는 데 매우 유익하다. 하지만 자녀가 어리다면 다시 생각해 봐야 한다. 어린아이는 호기심이 왕성하기 때문에 찬양 시간에 연주하는 기타를 건드리거나 찬양 후 내려놓은 기타를 두드릴 수도 있다. 그러면 악기가 없는 게 더 좋다.

찬양 음원을 크게 틀어 놓고 따라 부르는 것도 좋다. 혼자서 가정예배를 드린다면 그냥 찬양을 들으며 묵상해도 된다. 하나님을 높여 드릴 수 있다면, 하나님의 은혜를 묵상할 수 있다면,

어떤 방식이든지 상관없다.

그럼 찬양을 얼마나 해야 할까? 이 역시도 자유롭게 하면 된다. 가족들이 찬양을 좋아하면 2곡, 3곡, 10곡을 해도 괜찮다. 자녀가 좋아하는 찬양을 부르며 율동을 해도 좋다. 찬양의 은혜 안에서 통성기도를 해도 좋다. 가정예배는 자유로운 시간이다. 가족끼리 서로 이야기했다면 어떻게 해도 괜찮다. 중요한 것은 가족이 마음을 함께하는 것이다. 마음이 모이면 복음이 가득한, 사랑이 가득한 가정예배가 된다.

가정예배 순서 3: 말씀 읽기

가정예배에서 말씀은 선포되어야 한다. 말씀을 설명하거나 교육해서는 안 된다. 대신, 말씀을 소리 내어 읽으며 선포해야 한다. 여기서 강조점은 '선포'라는 단어다. 말씀의 능력을 믿음으로 선포해야 한다. 그래서 말씀을 소리 내서 읽는 것이 좋다. 이해가 안 되는 부분이 나와도 괜찮다. 하나님의 말씀이 가정에 이루어지기를 바라는 마음으로 선포하는 것이 중요하다.

특정한 교재를 사용해도 좋지만, 교재가 없어도 괜찮다. 장기적인 관점에서 보면, 성경을 그대로 사용하는 게 좋다. 성경만큼 오랫동안 지속할 수 있는 콘텐츠가 없기 때문이다. 매일 가정예배를 드린다면 웬만한 콘텐츠는 반년 정도면 바닥이

난다. 그러면 계속 콘텐츠를 생산하거나 새로운 콘텐츠를 찾아야 하는데 생각보다 에너지가 많이 든다. 그래서 처음 시작할 때부터 성경 자체를 읽는 것이 좋다. 이때, 말씀 읽기를 너무 딱딱하게 생각하면 힘이 든다. 그냥 자유롭게 전날 폈던 성경 뒷부분을 펴서 읽는 것으로도 충분하다.[3]

자녀의 연령에 따라 읽는 말씀의 길이가 달라질 필요는 있다. 자녀가 어리다면 한두 구절을 반복해서 읽는 것이 훨씬 유익하다. 필요하다면 세 번, 네 번, 다섯 번도 좋다. 몇 번이든지 함께 선포하면 된다. 자녀가 초등학생 이상이거나 부부만 예배를 드린다면 두세 장 정도 읽는 것도 좋다. 지난 주일예배 본문이나 금요철야 본문을 읽는 것도 좋고, 큐티 본문을 가족이 함께 읽는 것도 좋다. 중요한 것은 하나님의 말씀이 가정에, 가족의 심령에 선포되는 것이다.

특별히 '말씀 암송'은 가정예배 시간에 말씀을 대하는 매우 효과적인 방법이다. 여운학 장로의 설명을 보라.

날마다 즐거운 마음으로 경건히 드리는 가정예배를 살려야 합니다. 지극히 성경적이면서 쉬운 길이 있습니다. 교회에서 드리는 예배와 달리 말씀을 풀어 설명하는 설교를 없애면 됩니다. … 가정예배에서

---

3   도널드 휘트니, 『오늘부터, 가정예배』, 63.

는 설교 대신, 온 가족이 말씀을 사모하는 마음으로 함께 읽으면 될 것입니다. 더 바람직한 길은 평소에 암송했던 말씀을 함께 암송하는 것입니다. 새로운 말씀과 이미 암송한 말씀을 반복하여 훈련시키면서 어려운 말씀의 뜻을 풀어 주고, 적용점을 나누는 가운데 부모와 자녀 간 대화가 자연스럽게 이루어지면 부자간의 장벽이 아예 생기지도 않을 것이며, 가족 사랑도 주님 안에서 돈독해질 것입니다.[4]

'말씀 암송 가정예배'가 추구하는 것은 '즐겁게 말씀을 암송하는 가정 문화'다.[5] 여기서 암송은 암기와 다르다. 머리로 외우는 게 아니다. 암송은 말씀을 작은 소리로 읊조리며 마음에 새기는 것이다. 자연스럽게 입에서 나오도록 말씀을 계속 되뇌이는 것이다(시 119:97). 많은 구절을 암송하지 않아도 괜찮다. 적은 구절이라도 가족이 함께 말씀을 반복해 선포하며 암송하는 문화를 만드는 것이 중요하다.

여기서 중요한 것은 '말씀을 이해하지 못해도 괜찮다'는 것이다. 가정예배 문화를 만들 때 이 부분은 매우 중요하다. 많은 가정이 가정예배 시간에 성경을 이해시키려 노력하다 실패하기 때문이다. 다양한 질문을 만들고 효과적인 교육 방법을 도입하

---

4 여운학, 『말씀암송 자녀교육』(서울: 규장, 2009), 154.
5 여운학, 『말씀암송 자녀교육』, 163-164.

지만, 그것이 가정예배에 대한 부담을 만든다. 여기에는 두 가지 이유가 있다.

첫 번째 이유는 가정은 교육의 장소이기보다는 '쉼의 장소'이기 때문이다. 가정예배에서 교육을 시도하면 할수록 지친다. 당연하다. 교육은 전문성과 콘텐츠를 요구하기 때문이다. 이에 더해 지적 몰입도 필요하다. 쉼을 누려야 하는 가정에서 교육에 집중하면 서로 불편해지기 쉽다.

말씀을 읽는 것 자체가 중요하다. 어떤 본문을 얼마나 이해했는지보다 중요한 것은 가족이 함께 말씀을 읽는 습관을 가지는 것이다. 성경을 읽을 때 질문을 받느라 지치면 주객전도다. 말씀을 읽는 영적 습관을 형성하는 데 초점을 맞춰야 한다. 가족이 함께 성경 읽는 습관을 만들어 개인이 스스로 성경을 읽게 만들어야 한다.

두 번째 이유는 성경을 가르치는 것 자체가 '부모에게 부담'이 되기 때문이다. 생각해 보라. 성경은 깊은 진리를 담고 있다. 그래서 한 절을 설교할 때도 깊은 연구를 해야 한다. 설명도 대충할 수 없다. 충분한 시간과 논리가 필요하다. 그래서 짧은 가정예배 시간으로는 감당하기 어렵다. 그렇다고 성경을 단답식으로 가르치는 것도 위험하다. 성경이 단편적 지식이 되면 율법적으로, 형식적으로 가르치게 되기 쉽다. 그러면 안 하는 것보다 못할 수 있다.

물론 부모도 자녀에게 성경을 가르칠 수 있다. 하지만 자녀를 가르치는 시간이 굳이 가정예배 시간이 되어야 할 필요는 없다. 10분, 15분, 길어도 20분이 안 되는 그 짧은 가정예배 시간에 성경 내용을 교육하려고 자녀와 씨름할 필요가 없다는 것이다. 오히려 교회와 가정의 역할을 명확히 하는 것이 더 효과적이다. 성경을 가르치는 것을 목회자, 전문적인 사역자의 역할로 설정하는 대신, 부모는 말씀을 읽는 거룩한 습관을 만들어주는 것에 집중하면 된다. 교육은 교회에서, 신앙 습관은 가정에서 담당하면 된다.

그렇게 교회와 가정이 각자의 역할에 집중하면 시너지를 만들 수 있다. 한쪽에서 다 하려고 욕심내면 서로 버거워질 뿐이다. 때론 역효과를 만들기도 한다. 부모가 말씀에 대해 질문하기 시작하면 자녀는 대답하기 바빠진다. 그러면 스스로 성경을 보며 질문하는 습관이 생기지 않는다. 수동적으로 성경을 읽고 답을 찾아내도록 학습되면 신앙도 수동적이 된다. 자라지 않는다.

학습자가 질문을 시작하도록 만들어야 한다. 성경이 자녀 내면의 호기심을 자극해 질문을 만들도록 기회를 제공해야 한다. 엘리 홀저(Elie Holzer)와 오릿 켄트(Orit Kent)도 하브루타

(Havruta)는 '성경이 질문하게 하는 것'이라고 말한다.[6] 그래서 유대인 교사는 '단순히 좋은 질문을 하는 기술을 가르치는 것이 아니라, 텍스트에서 질문할 수 있는 가능성(Questionability)을 분별하도록 학생들을 돕는다'고 설명한다.[7] 자녀가 성경을 읽으며 생각하도록 가르치는 것이다. 자녀가 질문할 때 부모가 대답해 주는 것은 좋지만, 부모가 자녀에게 질문하기 시작하면 안 된다. 수동적인 성경 읽기는 수동적인 신앙을 만들 뿐이다.

성경을 능동적으로 읽는 습관을 만들어 줘야 한다. '가족이 즐겁게 성경을 읽는 경험'이 핵심이다. 이유가 무엇일까? 믿음은 들음에서 나기 때문이다(롬 10:17). 부모가 성경 지식을 잘 전달한다고 자녀가 믿음을 가지는 게 아니다. 신앙 교육의 핵심은 자녀가 능동적으로 성경을 읽고 탐구하는 것이다.

---

[6]   Elie Holzer and Orit Kent, *A Philosophy of Havruta: Understanding and Teaching the Art of Text Study in Pairs* (Boston, MA: Academic Studies Press, 2014), 91-94.

[7]   Holzer and Kent, *A Philosophy of Havruta*, 94. 원문에서 넓은 범위의 단락은 다음과 같다. "In fact, asking open questions is more difficult than answering them. Gadamer warns us that asking questions is not actually a method of knowing. For him, questioning consists in remaining open during reading so that questions can occur. We, however, as instructors, believe that students can become aware of and develop their ability to ask open questions, but we also keep in mind that our challenge lies in helping students learn to discern the questionability of the text, not merely teaching questioning as a technique."

특별히 요즘 아이들은 온 감각으로 듣는다. 귀로만 듣지 않는다. 디지털 네이티브(Digital Native)로 살아가는 요즘 아이들은 태어날 때부터 수많은 영상매체를 접하고 있기 때문이다. 아이들은 눈으로 듣고, 촉감으로 듣고, 마음으로 듣고, 느낌으로 듣는다. 수많은 정보를 적극적으로 흡수한다. 복음도 그렇게 받아들인다. 그래서 성경을 읽는 것이 갈수록 중요해지고 있다. 특별히 부모와 자녀가 한 성경책을 펴 놓고 손가락으로 가리키며 소리 내 읽는 것은 강력한 영적 경험이 된다. 성경을 읽는 것 자체가 가장 좋은 신앙 교육이 되는 것이다.

그러므로 아이들에게 성경 읽기의 즐거움을 빼앗으면 안 된다. 성경 지식을 가르치느라 자녀의 마음을 상하게 만들면 안 된다. 자녀는 성경을 읽고 내용을 다 이해해야 믿음을 가지는 게 아니다. 성경을 읽는 습관이 중요하다. 가정예배를 통해 성경을 사랑하는 문화를 만드는 것이 성경을 가르치는 것보다 훨씬 중요하다. 부모는 자녀와 즐겁게 말씀을 읽는 것에 집중해야 한다.

가정예배 순서 4: 감사 나누기

감사 나눔 시간은 '하나님을 주어로 대화하는 시간'이다. 하루 또는 한 주간 감사한 것을 이야기하며 '하나님이 이렇게 일하셨다'고 이야기하는 것이다. 개인의 간증도 좋고 말씀의 은혜도 좋다. 어떤 것이든 하나님을 주인공으로 이야기하면 된다.

시작은 부모의 간증이 좋다. "이번주에 하나님이 엄마(아빠)에게 이런 은혜를 주셔서 감사했어. 너는 어땠니?"라고 물어보는 것이다. 이때 아이가 대답을 잘하면 칭찬해 주면 된다. 때론 아이들이 감사 나눔에 동참하지 않을 때가 있다. 장난치거나 대답을 거부할 수 있다. 그때 사랑을 보여 줘야 한다. "너 왜 장난치니!"라고 윽박지르는 대신, "그러면 아빠(엄마)는 어때요?"라고 부모끼리 시선을 전환하는 것도 좋다. 때론 말도 안 되는 감사 제목을 내놓아도 그냥 "아, 그랬구나. 그래, 잘했어"라고 넘어가면 된다. 용서와 용납을 주다 보면 언젠가 하나님의 때에, 자녀가 스스로 마음속 깊은 곳에 있는 감사를 고백하게 된다.

사실 감사 나눔 시간에 아이가 뭐라고 대답하는지는 별로 중요하지 않다. 어떤 상황에서도 하나님께 감사를 드리는 부모의 고백이 중요하다. 살아 있는 믿음은 고난 중에 감사로 나타나기 때문이다. 그래서 감사 나눔 시간에 시선은 아이가 아니라 하나님께 있어야 한다. 때론 감사 나눔 시간에 자녀에게 기도 부탁을 해도 괜찮다. 자존심 상하는 일이 아니다. 부모는 자녀에게 현실을 보여 줘야 한다.[8] 자녀는 부모의 연약함을 통해 하

---

8 Tim Elmore, *Generation iY: Our Last Chance to Save Their Future* (Atlanta,

나님의 강함을 본다. 부모가 하나님을 간절히 의지하는 모습을 보며 자란 자녀는 하나님을 의지하게 된다.

물론, 부정적으로 말할 필요는 없다. 부모가 해야 하는 것은 믿음의 고백이다. "괜찮아. 하나님이 지켜 주실 거야. 네가 함께 기도해 줘. 우리 함께 기도하자." 이렇게 권면하면 된다. 그러다 보면 부모가 입술로 고백하는 기도 제목과 감사 나눔을 통해 복음이 전해진다. 이런 생생한 고백을 통해 자녀는 전인격적으로 복음을 경험한다. 여기서 진정한 신앙 교육이 일어난다.

그러면 부모의 인생은 '하나님으로만 설명되는 삶'이 된다. 하나님이란 단어를 빼면 이해되지 않는 인생이 되는 것이다. 그 것을 보며 성장한 자녀는 하나님을 만나게 된다. 감사 고백은 살아 있는 하나님을 전해 주는 가장 좋은 방법이다.

가정예배 순서 5: 기도하기

가정예배의 마지막은 기도 시간이다. 감사 나눔에서 이야기 한 것들이나 가족의 기도 제목을 놓고 함께 기도하는 것이다.

GA: Poet Gardener Publishing, 2010), 48. 엘모어는 부모들이 자녀에게 인공적 이고(Artificial), 균질하며(Homogeneous), 보장되고(Guaranteed), 표면적이고 (Superficial), 프로그래밍(Programmed)되고 자기애적인(Narcissistic) 세계를 제 시해 주는 것이 문제라고 지적한다.

이때 가족끼리 손을 잡거나 서로 안아 주는 것도 좋다. 부모가 자녀에게 안수하는 것도 좋다. 어떤 형식이든 좋지만, 가능하다면 큰 소리로 합심하여 기도하는 게 좋다.

자녀가 좀 어려도 큰 소리로 기도하는 게 좋다. 간절한 기도 소리를 통해 강력한 영적 각인이 새겨지기 때문이다. 가족을 향한 간절한 마음에서 나오는 기도 소리에서 부모의 영적 권위가 나오고, 가족에게 사랑이 흘러간다. 그렇게 담대하게 선포하며 믿음의 기도를 드릴 때, 은혜가 흐르고 하나님께서 가정에 놀라운 일을 이루신다.

기도 후에는 축복하는 시간을 가지는 게 유익하다. 서로 안아 주며 사랑한다고, 네가 너무 소중하다고, 가정예배를 함께해서 기쁘다고 이야기해 주면 된다. 그 시간을 통해 가족의 따뜻한 사랑을 느끼게 된다. 그러면 그다음 가정예배는 더 풍성하고 은혜 넘치는 시간이 된다.

2

교회 공동체와 함께 세우는 가정예배

가정예배는 공동체적 예배다. 교회가 함께 예배하는 가정 문화를 만들어야 한다. 가정예배 순서지를 만드는 정도에 머물면 안 된다. 부모 세대가 연합해야 한다. 가정과 가정이 연결되어 함께 예배하는 문화를 만드는 운동(Movement)이 일어나야 한다. 교회 울타리를 넘어 각자의 집에서도 예배하는 공동체 문화를 만들어야 한다.

그러려면 가정예배의 다양성을 존중해야 한다. 각 가정에 맞는 가정예배가 있다. 한 가지 유형으로 획일화하면 안 된다. 혼자서 드리는 가정예배도, 가족이 함께하는 가정예배도 모두 동일한 것으로 바라보는 시각이 필요하다. 그저 '집에서 정기적으로 예배드리고 있다면' 어떤 형식도 좋다. 중요한 것은 서로를 격려하며 가정예배 문화를 만들어 가는 공동체를 이루는 것이다.

이런 관점에서 '교회가 주도하는 가정예배'의 세 가지 유형을 살펴보려 한다. 무조건 이 중 하나를 적용해야 하는 것은 아니다. 그저 우리 가정, 우리 교회에 활용할 수 있는 아이디어를 얻으면 된다. 그리고 부족하더라도 가정과 교회에 적용하고 지속하면 그것으로 충분하다. 하나님은 믿음의 한 걸음을 원하시기 때문이다.

온라인 가정예배 – 문턱 낮추기

온라인은 새로운 가능성이다. 이전에는 상상할 수 없었던 초연결 시대(Hyper-connected era)가 되었다. 디지털 네이티브는 이제 사회의 중심축이 되고 있다. 자연히 시간과 공간의 경계는 급격히 무너지고 있다. 코로나 팬데믹은 이런 현상을 가속했다. 뉴노멀은 현실이 되었다.

변화는 위기인 동시에 기회다. 신앙생활에서도 마찬가지다. 새로운 세상에서의 신앙은 주일이라는 '시간'과 교회라는 '공간'을 벗어나기 시작했다. 온라인 예배가 일상이 되면서 오프라인 예배가 위축되었지만, 온라인은 언제 어디서든 예배에 동참할 기회를 제공하고 있다. 이제 성도들은 주중에도 말씀을 듣는다. 찬양도 언제든지 접할 수 있다. 다양한 기독교 콘텐츠를 통해 깊이 있는 신앙 지식을 배울 수도 있다. 이제 신앙은 일상의 영역에 침투하고 있다.

가정예배도 온라인을 통해 새로운 가능성을 마주했다. 여러 가정이 '흩어진 교회'가 되어 함께 예배할 수 있게 되었기 때문이다. 이것은 혁신(Innovation)이다. 시간과 공간의 제약을 넘어 가정들이 연결되는 세상이 열렸다. 이제는 목회자나 평신도 리더가 온라인을 통해 예배를 인도하고 각 가정은 각자의 집에서 예배하는 '공동체적 가정예배'를 구현할 수 있다.

인도는 온라인으로, 실천은 오프라인으로 하는 것이다. 공동체적으로 할 수 있는 찬양과 말씀은 온라인으로 인도하고, 개별적으로 진행해야 효과적인 감사 나눔과 기도, 축복은 각 가정에서 실천하도록 안내하고 시간을 부여하는 방식이다. 교회가 함께 가정예배를 드리면서 가족끼리의 시간도 가지는 것이다. 그러면 함께 또 따로 예배하며 교회의 가정들이 영적인 가족 공동체가 된다.

물론 온라인이 채워 줄 수 없는 오프라인의 은혜가 있다. 부모나 자녀가 직접 가정예배를 인도하는 유익은 크다. 부모의 사랑 가득한 권면이 주는 유익도 있다. 온라인으로 담아 낼 수 없는 각 가정의 역동(Dynamic)이 있다. 그래서 온라인 가정예배는 종착지가 아니다. 결국은 오프라인 가정예배를 활성화해야 한다.

하지만 온라인 가정예배는 충분히 긍정적이다. 먼저는 가정예배의 부담을 줄여 줄 수 있다. 실제로 가정예배를 시작하는 부모들은 인도와 설교에 부담을 느낀다. 처음에는 야심차게 시작해도 어느새 주저하게 된다. 반면, 온라인 가정예배는 부모가 인도할 필요가 없어진다. 설교 부담도 없다. 가정예배 인도자가 온라인을 통해 거실에 들어오기 때문이다. 그저 가정예배의 은혜를 누리기만 하면 된다. 처음부터 부담스럽게 시작하기보다는 영상 속 인도자를 따라 예배에 동참하며 '가족이 예배로 모이는 문화'를 만드는 데에만 집중할 수 있다. 그러면 가정예배에 대한 인식을 '즐겁고 편안한 것'으로 만들 수 있다. 그렇게 온라인 가정예배를 지속하다 보면 어느새 오프라인으로도 자연스럽게 가정예배를 드리게 된다.

이런 관점에서 보면, 온라인 가정예배는 '체험식 훈련'이다. 이론 교육보다 훨씬 효과적이다. 초행길을 걸어가는 부모들의 시행착오를 줄일 수 있다. 그러면 처음부터 가정예배에 대한 긍정적인 인식이 형성된다. 더 많은 가정이 부담 없이 가정예배를 시작하게 될 수 있다. 어디에서도 배울 수 없는 가정예배를 교회 구성원들이 온라인을 통해 함께 경험하며 문화를 만드는 선순환을 일으키는 것이다.

온라인 가정예배의 또 다른 유익도 있다. 가정에서 혼자 신앙을 지키는 성도나 자녀가 없는 부부 가정, 1인가구, 편부모 가정 등 다양한 형태의 가정이 모두 동참할 수 있다는 점이다. 이것은 교회 전체에 매우 긍정적인 영향을 준다. 가정예배에서 배제되기 쉬운 '소외 그룹'을 '동참 그룹'으로 바꿀 수 있기 때문이다. 온라인 가정예배는 교회 구성원 모두에게 '영적 가족의 정체성'을 심어 주고, 부모 세대가 하나 되어 다음세대를 키울 수 있게 한다.

이제는 온라인의 장점을 극대화해야 한다. 화려한 영상미가 없어도 괜찮다. 반드시 목회자가 인도할 필요도 없다. 중요한 것은 '교회 구성원 모두가 동참하는 가정예배 문화를 만드는 것'이다. 부족하더라도 도전하는 게 중요하다. 스마트폰 한 대로 촬영한 평범한 영상으로도 충분히 가능하다. 온라인 시대가 주는 기회를 활용하는 지혜와 용기가 필요하다.

교회에서 가정예배 – 가정들을 연결하기

'교회에서 가정예배'는 예배하는 가정들이 정기적으로 교회에 모여 함께 드리는 '오프라인 가정예배'다. 오프라인에서 진행하는 공동체 가정예배로 교회가 한 가족이 되는 것이다. 이것은 교회의 본질을 회복하는 사역이다. 교회는 본래 영적 가족이다.

실제로 교회에서 가정예배를 진행해 보면 강력한 공동체성을 느낄 수 있다. 현장에 모이는 가족들을 보는 것, 서로의 찬양하는 목소리를 듣는 것, 통성으로 기도하는 다른 가정의 모습을 보는 것, 끝나고 돌아가며 서로 격려하는 것 모두 각 가정을 하나로 묶는 힘이 되기 때문이다. 이것은 자녀에게 강력한 영적 경험이 된다. 교회를 가족으로 느끼게 만드는 힘이 발생한다.

가족은 운명 공동체다. 각자도생이 아니다. 가족은 연결되어 있다. 손익 계산과 상관없이 사랑한다. 마음을 함께한다. 가진 것을 기꺼이 나눈다. 서로를 돌보며 무한 책임을 감당한다. 연약할수록 더욱 사랑하고 기도로 하나가 된다.

교회의 본질도 동일하다. 사도행전 2장에서 말하듯, 교회는 적극적인 하나 됨이 나타나는 가족 관계다. 그래서 바울은 그리스도인이 한 몸을 이루는 "지체의 각 부분"(고전 12:27)이라고 설명한다. 교회는 서로 연결되어 한 몸이 되어야 한다.

그래서 '교회에서 가정예배'의 핵심은 '연결'이다. 교회에서 함께하는 가정예배를 통해 가정과 가정을 연결해야 한다. 이를 위해 예배하는 가정들이 정기적으로 모이는 시간을 만들고 모임을 반복하는 과정이 필요하다. 서로의 얼굴을 익히고 이름을 알아 가며 인격적인 관계를 만드는 것이다. 형식적인 예배나 교회 조직이 아닌 다양한 가정이 모여 공동체적 가정예배를 드리며 유기적으로(Organically) 형성되는 가족 공동체를 만들어야 한다.

특별히 요즘 한국의 많은 교회가 젊은 부부를 위한 부서를 만들고 있다. 신혼부부 또는 영유아기 자녀를 둔 가정들을 위한 독립된 모임을 만드는 것이다. 물론 긍정적인 효과는 있다. 공동체가 갈급한 신혼부부들을 모을 수 있다. 그 안에서 교제와 회복도 가능하다. 젊은 세대를 위한 대안으로 보일 수 있다.

그러나 세대를 분리하는 것은 위험하다. 유기적으로 전해져야 하는 신앙 유산이 끊어지게 만들기 때문이다. 기성 세대와 젊은 세대가 함께하는 인격적인 하나 됨을 잃어버리는 것이다. 오히려 세대 갈등을 심화시키는 결과로 나타날 가능성도 농후하다. 젊은 세대만 모이면 당연히 새로운 교회 문화가 만들어지기 때문이다. 그러면 5년 후, 10년 후에는 기성 세대와 젊은 세대가 더욱 다른 문화를 가지게 되어 더 큰 간극이 만들어진다. 성경은 이것을 '다른 세대'라고 말한다(삿 2:10).

그래서 새로운 교회 조직은 대안이 아니다. 자녀 세대는 부모 세대의 신앙을 보고 배워야 한다. 세대와 세대는 언제나 연결되어야 한다. 그렇다면 대안은 무엇인가? 부모 세대와 자녀 세대를 연결하는 '문화'를 만드는 것이다. 이것은 다양한 가정이 함께 예배하는 시간을 통해 가능해진다.

가정은 백발 면류관을 쓴 노인 세대부터 꽃처럼 아름다운 자녀 세대까지 다양한 세대를 모두 품을 수 있다. 세대 통합 예배(전 세대 예배, 3대 예배 등)는 좋은 예다. 예배를 통해 다른 세대가 서로를 보며 연결될 수 있기 때문이다. 그리스도인은 예배를 통해 하나 됨을 경험한다.

하지만 세대 통합 예배에는 주의해야 할 부분이 있다. '가정' 이라는 키워드를 빼면 의례적인 행사에 머물 수 있다는 점이다. 여러 세대가 한자리에 모이는 것만으로는 안 된다. 세대와 세대는 가정을 통해 서로 '소통'해야 한다. 가정이라는 울타리 안에서 서로의 마음과 생각을 나누며 영적 경험을 재해석해야 한다. 여기에는 부모의 진중한 예배 태도가 필수다.

그래서 세대 통합 예배를 '자녀 눈높이에 맞춘 예배'로 디자인하면 안 된다. '어린아이들을 위한' 예배가 되면 안 된다는 말이다. 예배의 대상은 언제나 '하나님'으로 고정되어야 한다. 설교를 지루하게 할 필요는 없지만, 아이들의 흥미를 위한 설교를 할 필요도 없다. 성령 하나님은 아이들도 하나님의 말씀을 깨닫도록 충분히 역사하실 수 있다.

아이들에게 필요한 것은 '재미있는 예배'가 아니라 '하나님께 드리는 예배'다. 말씀을 진심으로 대하며 은혜를 경험하는 시간이 필요하다. 그렇기에 가정예배도 하나님을 향한 진실한 예배가 되어야 한다. 그러면 아이들도 영적 분위기에 반응한다. 오프라인으로 모여서 함께하는 가정예배 시간에 성령의 임재를 구해야 한다.

이런 관점에서 교회에서의 가정예배 순서는 자유로워도

된다. 물론 기본적인 순서는 '찬양, 말씀, 감사, 기도'로 진행할 수 있다. 이때 찬양과 말씀은 공동체가 함께하고 감사 나눔, 가족 기도는 가정별로 진행할 수 있다. 아니면 찬양을 함께한 후에 성경 봉독, 감사 나눔은 가정별로 진행해도 된다. 가능하다면 몇 가정이 간증하는 시간을 가져도 좋다. 기도 시간에는 교회와 학교, 자녀 세대의 문화를 놓고 합심으로 기도할 수 있다. 마칠 때는 가족이 함께할 수 있는 만들기 재료나 음식을 선물할 수도 있다. 어떤 방식도 가능하다. 중요한 것은 '은혜 안에 가족들이 하나 되는 것'이다.

여기서 한 가지 더 필요한 부분은 '가정별로 진행하는 가정예배도 강조해야 한다'는 것이다. 매주 교회에서 가정예배를 드릴 수는 없기 때문이다. 한 달에 한 번 정도는 공동체가 모여서 가정예배를 드리더라도 결국은 각 가정에서 자체적으로 예배하는 문화를 만들어야 한다. 온라인 가정예배와 마찬가지로 공동체와 함께하는 가정예배 시간을 통해 체험식 교육을 진행하는 것이다. 그렇게 훈련된 가정들이 계속 일어나 교회 전체의 문화를 만들어 가도록 운동을 일으켜야 한다.

말씀 암송 가정예배 – 말씀이신 하나님을 경험하기

마지막 모델은 '말씀 암송 가정예배'다. 이름 그대로 말씀을 함께 암송하며 드리는 가정예배를 말한다. 자녀가 어려도 아무 문제없다. 오히려 아이들은 암송을 기뻐한다. 도전하면 된다. 가족이 함께 소리 내어 암송하면 신비한 하나 됨을 경험할 수 있다.

말씀에는 신비한 능력이 있다. 말씀이 영혼을 소성시킨다(시 19:7). 악한 자를 물리치는 능력이 되며(시 71:24), 스스로를 보호하는 방패가 된다(시 119:23). 우리를 향한 말씀의 유익은 다 기록할 수 없을 만큼 크다. 그래서 시편 기자는 말씀을 너무나 사랑해 종일 묵상한다.

> 내가 주의 법을 어찌 그리 사랑하는지요 내가 그것을 종일 작은 소리로 읊조리나이다 _시 119:97

여기서 '작은 소리로 읊조린다'로 번역된 히브리어 שִׂיחָה(시하)는 '조용히 생각하며 묵상한다'는 의미를 가진다. 말씀을 깊이 음미하며 입에서 중얼거리는 행동을 말한다. 여운학 장로님은 이것을 '암송'이라고 설명했다.[9] 머리로 하는 단순 암기가 아닌, 말씀을 깊이 생각하고 되뇌며 말씀의 깊은 의미를 깨닫는 작업이다. 그래서 암송은 "말씀이신 하나님을 내 안에 모시는 거룩

---

9   여운학, 『말씀암송 자녀교육』, 40-47.

한 작업"이다.[10]

가정예배는 암송에 최적화된 시간이다. 부모와 자녀가 함께 말씀을 반복해서 읽으며 마음에 새길 수 있기 때문이다. 부모의 일방적인 설교를 대신해 가족이 함께 암송하는 시간을 통해 말씀의 은혜를 누리는 것이다.[11] 그렇게 머리로 생각하고, 입으로 고백하며, 귀로 듣는 암송을 지속하다 보면 말씀이 자연스레 마음에 새겨진다. 이것은 성령께서 이루시는 자연스러운 역사다. 당연히 인위적인 교육보다 강력하다. 말씀이신 하나님이 암송을 통해 심령을 만지시기 때문이다.

여기에 '말씀 암송 가정예배'의 핵심이 있다. 바로 '말씀이신 하나님을 경험하는 것'이다. 이것은 부모와 자녀가 함께 말씀을 암송하며 느끼는 '따뜻하고 즐거운 가족의 시간'을 통해 이루어진다. 부모의 눈동자를 바라보며 암송하던 말씀, 부모의 목소리로 선포된 말씀은 자녀의 심령에 깊이 각인된다. 특별히 아이들은 부모와 함께 암송한 말씀을 스펀지처럼 빨아들인다. 사랑의 관계로 연결되어 있기 때문이다.

관건은 사랑이다. 부모의 욕심이 사랑보다 앞서면 안 된다. 억지가 아닌, 즐겨 암송한 말씀이 신앙과 인격을 형성한다.[12] 암

---

10 여운학 장로님이 생전에 즐겨 하던 표현이다.

11 여운학, 『말씀암송 자녀교육』, 154.

12 여운학, 『말씀암송 자녀교육』, 168-193. 여운학 장로님은 1999년부터 2022년까지

송을 더 많이 하도록 종용하는 것은 금물이다. 말씀을 반복적으로 선포하며 즐겁게 암송하는 가정예배 문화를 만드는 것으로 충분하다. 자녀가 예배를 주도하도록 기회를 만들어 주고 자녀와 눈높이를 맞춰야 한다.[13] 많은 구절을 암송하는 것보다 '가족이 함께 즐거운 마음으로 매일 말씀을 암송하는 것'이 훨씬 중요하다.

이런 가정예배 철학 위에 말씀 암송 가정예배는 여섯 단계의 순서로 진행한다.[14]

1. 함께 찬양 부르기
2. 예배 인도자의 기도
3. 함께 말씀 암송하기
4. 깨달은 것을 이야기하기
5. 서로를 위해 기도하기
6. 서로를 축복하기

약 11,000명 이상의 어머니에게 말씀 암송의 중요성을 전수했다. 그 기간에 얻어진 임상적 경험을 통해 말씀 암송이 만드는 변화를 간증한다. 다음 책들을 참고할 수 있다. 여운학, 『자녀 사랑은 말씀암송이다』(서울: 규장, 2011). 여운학, 『말씀암송의 복을 누리자』(서울: 규장, 2013). 여운학, 『말씀을 사랑하는 자녀 키우기』(서울: 규장, 2017).

13 여운학, 『말씀암송 자녀교육』, 163-164.
14 여운학, 『말씀암송 자녀교육』, 165.

각 단계에서 중요한 것은 '모든 가족이 참여하는 것'이다. 그래서 무엇보다 밝고 즐거운 분위기가 중요하다. 너무 심각하게 가정예배를 드릴 필요는 없다. 기쁘게 찬양하고 말씀 암송도 함께 선포하는 방식으로 진행하면 된다.

여기에 사용할 암송 방법은 '하니비(Honey bee) 암송법'이다. 말씀을 짧은 구절로 나눠서 반복해 선포하며 점점 구절을 늘려가는 방식이다. 그러면 가족이 모두 같은 호흡으로 암송할 수 있다. 혹시 누군가 틀리면 지적하지 않아도 웃으며 반복할 수 있다. 이때 손가락을 꼽으며 암송하는 서로의 모습을 보면서 동질감을 느끼기도 한다. 즐겁게 암송하며 가족의 하나 됨을 경험할 수 있다.

그런데 말씀 암송 가정예배에는 더 큰 유익이 있다. 교회 공동체가 함께한다는 것이다. 부모 세대가 함께 말씀을 암송하며 자녀 세대를 키우는 '303비전'이 깊이 심겨 있기 때문이다. 이것은 믿음의 세대를 키우는 황홀한 꿈이다.

교육은 백년지대계(百年之大計)입니다. 10년, 20년의 노력만으로는 쉽게 이룰 수 없습니다. 기독교문화를 세워 나가기 위하여서는 100년 계획을 세워야 합니다. 우리의 꿈 '303비전'은 한 세대를 30년으로 잡아서 3대에 이르는 100년 계획입니다. 크리스천들이 말씀 암송 태교로 자녀를 낳아 어려서부터 말씀을 암송하고, 말씀 암송 가정예배를 드리며 교회에서 암송 우선 교육으로 길러서 암송이 체질화되면, 말씀의 생활화가 보편화되어 가정과 교회를 넘어 학교와 직장과 사회가 온통 예수님 닮은 그리스도의 사람들로 가득한 기독교 문화 민족이 되는 것입니다.[15]

303비전의 중심에는 '부모 세대의 연합'이 있다. 303비전을 품은 부모들이 '함께 자녀를 키워 가는 것'이다. 그래서 303비전은 교회 차원에서 진행되는 경우가 많다.[16] 목회자가 암송을 적극 실천하며 말씀 암송 가정예배를 지속하는 가정들을 세우는 것이다. 이런 공동체적 가정예배의 연장선에는 303비전성경 암송학교가 있다.[17] '꿈나무 모범생'과 '으뜸 모범생', '장학생'을 선발하면서 부모 공동체를 연결하기 때문이다.

연결이 힘이다. 가정은 서로 연합하도록 창조되었기 때문이다. 경쟁 상대가 아니다. 그리스도인 가정은 함께 자녀 세대를 키워야 한다. 이것은 초대교회의 공동체성을 회복하는 작업이다. 각자도생이 아닌, 세상을 이겨 낼 믿음의 자녀 세대를 함께 키우는 부모 세대가 일어나야 한다.

---

15 여운학, 『말씀암송 자녀교육』, 106.

16 대구 엠마오교회(담임: 한창수 목사)가 대표적이다. 이 교회는 모든 성도가 303비전을 품고 매주 온가족이 함께 예배하며 말씀을 암송한다.

17 웹 페이지 https://cafe.naver.com/vision303 참고.

뭉쳐야 산다

가정예배는 '흩어진 교회 가족들이' 각자의 집에서 드리는 예배다. 공동체성을 간과하면 안 된다. 가정은 다른 가정과 연결되어야 한다. 그것이 세대와 세대를 연결하는 방법이다. 인위적인 교회 구조나 프로그램이 아니다. 신앙은 공동체적 삶으로 전해진다. 인격과 인격, 신앙과 신앙이 부딪혀야 배움이 일어난다. 그래서 예수님은 새 계명을 주셨다.

> 새 계명을 너희에게 주노니 서로 사랑하라 내가 너희를 사랑한 것 같이 너희도 서로 사랑하라 _요 13:34

사랑은 사명이다. 한 몸으로 부름받은 교회는 서로 사랑해야 한다. 선택이 아니다. 그리스도인은 뭉쳐야 산다. 흩어지면 죽는다. 마지막 때가 가까울수록 더욱 예수님의 명령에 순종해야 한다. 가정예배도 이런 관점으로 이해해야 한다. 가정예배는 교회 공동체와 함께해야 한다. 가정예배는 본래 공동체적이기 때문이다.

뉴노멀 시대에도 결국은 사랑이 이긴다. 서로 사랑해야 한다. 가정예배도 사랑의 원형을 회복하는 것이 관건이다. 각 가정에게 책임을 지우기보다 서로를 돌아보아 격려하며 함께 그리스도의 몸을 세워 가야 한다(히 10:24-25). 부모 세대는 함께 예배하는 가정을 세워 가도록 부름받았다. 이제 그 부르심에 순종할 때다.

3

가정이 함께 세우는 교회 문화

가정은 교회와 긴밀히 연결되어 있다. 가정이 살아야 교회가 산다. 교회가 행복해야 가정도 행복해진다. 별개가 아니다. 내 가정만 건강하게 세우면 되는 게 아니다. 교회만 잘되면 되는 것도 아니다. 가정들이 함께 건강한 교회 문화를 세워야 자녀들도 건강한 신앙을 가지게 된다.

이유가 무엇일까? 자녀는 가정과 교회를 통해 성장하기 때문이다. 신앙 교육은 선택이 아니다. 자녀들은 의도하지 않은 것까지 흡수한다. 긍정적이든 부정적이든 부모 세대는 자녀 세대에게 신앙을 교육하고 있다. 가르치고 싶은 것만 선택할 수 없다. 부모 세대의 모든 것이 자녀 세대에게 메시지가 된다.

그래서 부모 세대가 어떤 문화를 남겨 주느냐가 중요하다.

그것이 자녀 세대가 하나님을 알아 가는 신앙 유산이 되기 때문이다. 여기서 '신앙 유산'은 건물이나 유품 등 눈에 보이는 것에 국한되지 않는다. 진정한 신앙 유산은 '눈에 보이지 않는 삶의 양식, 문화'다. 한국교회가 전수해 온 주일 성수, 새벽기도, 금요 철야, 교회 중심의 헌신적인 삶, 선교를 향한 열정 등이다. 이제 가정예배를 통해 새로운 세상을 살아가는 자녀 세대에게 새로운 신앙 유산을 남겨 줘야 한다. 이것은 부모 세대가 함께 만드는 교회 문화를 통해 가능해진다.

자녀 세대에게 남겨 줘야 하는 신앙 유산

가정예배 문화

예배는 신앙의 모든 것을 담고 있다. 그래서 예배는 가장 중요한 신앙 유산이다. 가정의 신앙 유산도 예배가 중심이다. 가정을 예배의 처소로 세워야 한다. 집에서 예배드리는 것이 당연해지도록 부모 세대가 연합해야 한다. 어느 집이나 가정예배를 드리는 교회 문화를 만들어야 한다.

시작은 한 가정의 예배에 은혜가 흘러넘치는 것이다. 그 중심에는 '집에서 드리는 나의 예배'가 있다. 가식적인 예배, 율법적인 예배로는 안 된다. 가정예배를 세우려는 노력이나 훌륭한 인도 기술로도 안 된다. 예배는 억지로 세울 수 없다. 전적으로 성령의 영역이다. 우리가 할 수 있는 것은 나 자신이 진실한 예배자가 되는 것이다.

자녀는 부모의 진심에 반응한다. 겉으로는 아닌 것 같아도 반드시 반응한다. 부모와 자녀는 연결되어 있다. 부모가 바로 서면 된다. 자녀는 부모를 보고 있다. 그래서 부모가 먼저 집에서도 전심으로 예배하는 습관을 만들어야 한다. 시간이 지나면 문화가 되기 때문이다.

그리고 예배하는 가정들과 연합해 교회 문화로 확산시켜야 한다. 가정예배가 교회의 신앙 유산이 되도록 만드는 것이다. 가정예배를 위한 소그룹을 만들고 정기적으로 공동체적인 가정예배를 드리는 것은 좋은 방법이다. 가정들이 함께 가정예배를 드리며 믿음의 다음세대를 키워 가는 운동이 필요하다.

공동체로 살아가는 문화

가정예배를 교회 공동체와 함께 세우는 것은 '공동체적 삶'을 만든다. 교회 전체가 '영적 가족'으로 세워지기 때문이다. 각자 살아가는 가정들이 아닌, 함께 예배하는 가정들을 세워야 한다. 이것은 자녀 세대를 보호할 울타리를 만드는 작업이다.

초대교회는 믿음의 울타리 안에서 살았다. 그래서 세상의 강력한 핍박을 이겨 낼 수 있었다. 혼자라면 배교했을지도 모르는 시대에 서로를 의지하며 공동체로 승리한 것이다. 지금 이 시대에도 신앙 공동체가 필요하다. 우리의 믿음을 공격하는 사탄의 계략은 더욱 교묘해졌다. 앞으로는 더욱 강력해질 것이다. 말세에 가까워질수록 우리는 공동체로서 서로를 지탱하며 함께 살아가야 한다.

이것은 부모 세대를 통해 배워야 한다. 공동체적 삶은 이론이 아니다. 더욱이 지금은 지독한 개인화 시대다. 세상은 자신의 만족을 위해 살아가는 것을 최고라 가르친다. 결혼과 출산까지 거부하는 시대가 되었다. 이런 문화 속에서 자녀 세대는 공동체적 삶을 배울 수 없다. 오직 부모를 통해서만 가능하다.

그래서 더욱 가정예배를 통한 '공동체적 삶'을 가르쳐야 한다. 가정 안에서 서로의 이야기를 듣고 공감하며 서로를 위해 기도하는 훈련을 해야 한다. 교회 공동체로 모여서 예배하는 다른 가정들을 봐야 한다. 그렇게 모인 가정들이 교회를 위해, 이웃을 위해 함께 기도하는 소리를 들어야 한다. 그리고 어려운 형편에 처한 이웃을 위해 자신의 것을 기꺼이 내어 주는 경험도 해야 한다. 가족이 함께 섬김을 실천하며 몸으로 예배하는 공동체를 만나게 할 때 자녀 세대를 살릴 수 있다.

교회를 사랑하는 문화

마지막은 '교회를 사랑하는 문화'다. 교회 공동체와 함께 가정예배를 드리다 보면 어느새 교회가 '우리 가족의 교회'가

된다. 교회를 부모의 품과 같은 곳으로 느끼는 것이다. 교회는 예배만 드리고 돌아가는 곳이 아닌, 우리 가족이 함께 예배하는 추억이 묻어 있는 곳이 되어야 한다.

한국의 그리스도인들은 교회를 지극히 사랑했다. 아무 행사가 없어도 교회에 와서 놀던 친구들, 주일학교에 모여 목이 터져라 부르던 찬양 소리, 반갑게 맞이해 주던 목사님, 전도사님, 주일학교 선생님의 모습, 새벽송을 다니며 즐거웠던 시간, 눈물로 기도하던 부모님의 간절함이 교회 곳곳을 채웠다. 교회에서 누린 긍정적인 영적 추억이 지금도 기성 세대를 떠받치고 있다. 어려웠던 시기에 한국의 그리스도인들은 교회를 통해 하나님의 따스함을 느꼈다. 교회는 또 다른 집이었다.

그런데 지금은 이전과는 다르다. '우리 교회'를 향한 사랑이 약해지고 있다. 때론 교회가 가족보다는 '종교 기관'으로 느껴진다. 제도화된 교회에는 추억을 만들 공간이 없기 때문은 아닐까? 전문화의 결과로 성도들이 동참할 사역의 공간이 줄어들었기 때문은 아닐까? 아니면 세상이 너무 좋아져서 교회의 환대가 부족해 보이는 것은 아닐까? 정확한 이유는 알 수 없다. 그러나 분명한 것은 교회를 사랑하는 열기가 줄어들고 있다는 것이다.

가정예배는 이런 분위기를 바꾸는 열쇠가 될 수 있다. 가정들이 함께 예배하며 가족이 되는 사역이기 때문이다. 실제로 가정예배 시간에 나누는 부모의 간증은 교회의 소중함을 배우는 기회가 된다. 교회를 위해 기도하는 시간은 하나님께서 교회를 얼마나 사랑하시는지 느끼게 만든다. 함께 예배하는 가정들을 보며 '우리 가족이 혼자가 아니라는 사실'을 인식하는 장점도 있다. 공동체적 가정예배를 통해 교회가 우리 가족에게, 그리고 나에게 얼마나 소중한지 경험하게 된다.

문화에 답이 있다

가정예배는 반드시 가정과 교회의 문화가 되어야 한다. 가정에 예배하는 문화를 만들었다면 그것에 만족하고 그쳐서는 안 된다. 같은 마음을 품은 가정들을 동역자로 만들어야 한다. 그리고 함께 가정예배를 드리며 '영적 가족'이 되어야 한다. 예배하는 가정들을 모아 가정예배를 함께하는 교회 문화를 만들어야 한다.

문화에 답이 있다. 눈에 보이는 조직이나 프로그램이 답이 아니다. 가정에 예배하는 문화가 세워져야 한다. 그런 가정들이 모여 교회에 가정을 중요하게 여기는 문화를 만들어야 한다. 이런 가정과 교회의 동역을 통해 다음세대에게 신앙이 전수된다. 다음세대를 거룩하게 만들어 갈 가정과 교회의 문화는 예배를 통해 만들어진다.

부모 세대가 **함**께하는 **가**정예배 **문화** 만들기

교회와 함께 가정예배

결국, 예배!

가정의 행복은 어디에 있을까? 사람들은 경제적인 안정감, 부부의 유대 관계, 순종적인 자녀, 건강 등의 다양한 조건을 찾는다. 이런 것들이 갖춰지면 행복한 가정을 이룰 수 있다고 생각한다. 그러나 행복은 '추상 명사'(Abstract noun)다. 형태가 없다. 눈으로 볼 수 없다. 그래서 물질적인 것으로는 얻어지지 않는다. 행복은 소유가 아닌, 감정을 통해 얻어진다.

그래서 행복은 마음에 달려 있다. 가진 것이 없어도 행복할 수 있다. 많은 것을 가졌어도 불행할 수 있다. 잠언 15장 17절을 보라.

채소를 먹으며 서로 사랑하는 것이 살진 소를 먹으며 서로 미워하

는 것보다 나으니라 _잠 15:17

채소와 살진 소는 행복의 조건이 아니다. 서로 사랑하는 것이 중요하다. 사랑하지 않으면 행복할 수 없다. 잠언 17장 1절도 동일한 이야기를 한다.

마른 떡 한 조각만 있고도 화목하는 것이 제육이 집에 가득하고도 다투는 것보다 나으니라 _잠 17:1

서로 사랑하는 가정, 화목한 가정에 행복이 있다. 당연한 말이다.

그런데 가족이 함께 살다 보면 서로 사랑하기 어렵다. 주위를 둘러보라. 화목한 가정이 생각보다 많지 않다. 이유가 무엇일까? 세상살이가 쉽지 않기 때문이다. 부모가 마주하는 인생의 풍파는 마음을 각박하게 만든다. 자녀를 압박하는 경쟁 논리는 살벌하다. 부모도 자녀도 행복을 원하는데 세상은 계속 행복을 방해한다. 서로를 사랑할 마음의 자리를 호시탐탐 노린다. 우리가 사는 세상은 죄로 오염되어 있다(요일 2:16).

그렇다면 어떻게 해야 가족이 서로 사랑할 수 있을까? 불화가 가득한 세상에서 화목을 이루는 비결은 무엇일까? 바로 '복음'이다. 복음이 가정에서 작동해야 한다. 복음이 무엇인가? 창조주 하나님께서 죄인을 사랑하시어 독생자를 보내사 십자가 대속을 이루신 것이다(요 3:16). 우리는 그 사랑을 힘입어 사랑해야 한다. 사랑의 하나님이 "내가 너희를 사랑한 것 같이 너희도 서로 사랑하라"(요 13:34)라고 명령하셨다. 그분은 죄인을 향한 사랑(롬 5:8), 대가 없는 선행(엡 2:8), 순종과 겸손의 삶(빌 2:5-8)을 보여 주셨다. 그래서 행복은 가정에 사랑과 선행, 순종과 겸손이 작동할 때 얻어진다. 행복은 복음을 통해 주어진다.

그래서 행복의 유일한 조건은 '하나님을 사랑하고 이웃을 사랑하는 것'이다. 하늘 아버지의 사랑에 힘입어 서로를 사랑하는 삶의 실천이다. 여기서 핵심은 '사랑의 출처'다. 인간 내면의 힘으로는 남을 사랑할 수 없기 때문이다. 스스로의 내면에 솔직해져 보라. 우리 마음에는 악한 것이 가득하다(막 7:21-23; 롬 1:28-32). 인간은 죄인이다. 이것은 불변하는 진리다. 우리가 남을 사랑하는 방법은 그리스도의 사랑에 빚진 자가 되는 것뿐이다(롬 1:14-15).

어떻게 그 사랑을 경험할 수 있을까? 하나님을 만나는 방법은 무엇일까? 답은 간단하다. 하나님을 예배하는 것이다. 형식적인 예배를 말하는 게 아니다. 하나님은 영과 진리로 예배하는 자를 찾으신다(요 4:23-24). 진심으로 하나님을 찾는 것, 그분을 만나기 위해 힘을 다하는 예배를 드리는 것이 행복의 시작이다(시 107:9). 개인의 예배도, 가정예배도 형식으로 굳어지면 안 된다. 예배는 언제나 하나님을 만나는 시간이 되어야 한다. 하나님을 만날 때 인간은 행복해진다.

그러므로 예배하는 가정이 행복해진다. 가족이 함께 하나님을 만나면 당연히 서로 사랑하게 된다. 서로를 이해하고 용납하게 된다. 하나님은 사랑이시기 때문이다. 행복에 목마른가? 행복한 가정을 세우기 원하는가? 하나님 아버지의 사랑을 갈망하라. 가족이 함께 예배를 드리라. 형식적인 예배에 머물지 말라. 전심으로 하나님을 예배하며 그분의 사랑을 경험하라. 하늘 아버지의 사랑으로 내면을 채우라. 그러면 행복해질 수 있다. 행복은 인간 사이의 문제가 아니다. 행복은 하늘 아버지에게서 온다.

가정예배를 통해 하나님의 사랑을 경험해야 한다. 시선을 하나님께 두는 게 시작이다. 도움 안 되는 배우자나 말 안 듣는 자녀에게 집중하지 말라. 혼자서라도 가정에서 예배를 시작하면 된다. 진정한 예배는 전심으로 예배하는 한 사람을 통해 시작된다. 그렇게 예배하기 시작하면 모든 것이 변화된다. 하나님의 사랑은 너무 커서 우리의 시야를 바꾼다. 사랑받을 자격이 없는 사람을 사랑하게 된다. 억지로 참아 주는 정도의 사랑이 아니다. 배우자를, 자녀를 진심으로 사랑할 수 있게 된다. 그 사랑이 모든 것을 바꾼다.

우리는 영적인 눈을 떠야 한다. 세상이 아무리 바뀌어도 행복의 근원은 동일하다. 인간은 예배를 통해 행복해진다. 가정도 예배를 통해 행복해진다. 새로운 무언가를 찾기 전에 예배하는 가정을 세워야 한다. 행복한 가정의 시작은 예배에 있다. 행복한 가정의 결론도 예배에 있다. 인간의 존재 목적은 예배이고, 가정의 존재 목적도 예배다. 가족은 함께 예배할 때 진정한 가정이 된다.

교회와 함께 가정예배

초판 1쇄 인쇄일 2023년 6월 23일
초판 1쇄 발행일 2023년 6월 30일

지은이 김기억

발행인 김은호
편집인 주경훈
책임 편집 황평화
편집 김나예 박선규 권수민 이민경
디자인 서보원

발행처 도서출판 꿈미
등록 제2014-000035호(2014년 7월 18일)
주소 서울시 강동구 양재대로81길 39, 202호
전화 070-4352-4143, 02-6413-4896
팩스 02-470-1397
홈페이지 http://www.coommi.org
쇼핑몰 http://www.coommimall.com
메일 book@coommimall.com
인스타그램 @coommi_books

ISBN 979-11-983177-2-8 03230

도서출판 꿈미는 가정과 교회가 연합하여 다음세대를 일으키는 대안적 크리스천 교육기관
인 사단법인 꿈이 있는 미래의 사역을 돕기 위해 월간지와 교재, 각종 도서를 출간합니다.